ALFRED DE CHABANNES

ENTRETIENS FRANÇAIS

(OPPOSITION D'IDÉALS)

PARIS
LIBRAIRIE FÉLIX ALCAN
108, BOULEVARD SAINT-GERMAIN, 108

ENTRETIENS FRANÇAIS

OUVRAGES DU MÊME AUTEUR

Le Libéralisme devant la Raison, 1 vol. in 8° (Librairie Félix Alcan).

Le Réveil d'une âme, (Grasset).

ALFRED DE CHABANNES

ENTRETIENS FRANÇAIS

(OPPOSITION D'IDÉALS)

PARIS
LIBRAIRIE FÉLIX ALCAN
108, BOULEVARD SAINT-GERMAIN, 108

1919

PRÉFACE

Ce livre a été écrit avant la guerre.

M. Alfred de Chabannes dit : « Dans cet ouvrage j'ai tenté de mettre en relief les principaux mouvements d'idées extrêmes. » Il a pris la forme du dialogue qui permet le choc des idées, l'opposition de mots éloquents, les principes et les subtibilités de la scolastique, le raccourci de pensées en formules condensées. Platon et Voltaire nous ont appris le parti qu'on pouvait en tirer. M. Alfred de Chabannes, par la manière dont pose les questions chacun de ses interlocuteurs, par la variété des aperçus, par les envolées du Dr Sérénus, a donné à ce conflit de doctrines un relief et un mouvement à la Diderot qui, après avoir entraîné le lecteur, laissent dans son souvenir une profonde empreinte.

Les personnages sont au nombre de trois.

D'Antan représente l'idée monarchique qu'il pousse jusqu'à l'absolutisme, d'hérédité, de tradition, la nécessité d'une immuable et rigoureuse discipline religieuse. Il a certainement pour aïeul l'émigré que Joseph de Maistre, dans les soirées de St-Pétersbourg, a embarqué sur la Néva pour prouver que le bourreau est : « la pierre angulaire de la société », et que « la chose la plus utile à l'homme c'est le jeu ».

D'Antan, plein de méfiance pour ses semblables leur met une muselière matérielle et intellectuelle. Il traite certains savants contemporains comme Joseph de Maistre traitait Bacon et il proclame avec Brunetière la faillite de la science.

Naturellement il considère le système protecteur comme indispensable pour prévenir le mal et faire le bien. Il regrette le bon temps où Louis XIV entendait assurer à ses sujets « les biens de l'âme, du corps, et de la fortune », et il a le « Colbertisme » pour idéal économique.

Derouge est un socialiste qui attribue tous les maux de la société à l'infâme capital. Comme son maître, Carl Marx, il affirme que « les férules du bon vieux temps étaient moins pesantes ». Il a une foi aveugle dans la théorie d'après laquelle, la valeur provenant uniquement du travail, tout salariant s'enrichit avec le surtravail, : donc la propriété est un vol. Derouge est contre l'Etat et pour les syndicats qui doivent se partager tous les genres de l'activité de la nation, et exploiter les services publics à leur profit. Il méprise l'individu, mais il adore la société qu'il gratifie « de devoirs envers elle-même ». (page 210). Il a pour les économistes un mépris égal à celui de M. d'Autan.

Le Dr Sérénus oppose aux deux interlocuteurs précédents sa confiance dans l'homme en général et,

tout spécialement, dans le Français. C'est la base de la démocratie : mais qu'est-ce ? l'individualisme. Il montre que les progrès n'ont point été accomplis par l'Etat mais le plus souvent malgré l'Etat. Il croit que c'est la réunion des efforts individuels qui constitue le progrès : de là un bel optimisme. Il est libre échangiste pour deux motifs, l'un moral, l'autre économique : et il considère que le libre échange est le grand instrument de la paix internationale.

Ces exposés de doctrines avaient lieu avant la guerre : donc un appendice. M. Alfred de Chabannes réunit le premier janvier 1919 d'Autan, Derouge et le Dr Sérenus.

Quoiqu'anti-militariste, Derouge a été un bon poilu ; d'Antan regrette que ce ne soit pas un monarque qui ait remporté la victoire ; le Dr Sérenus constate que le résultat de la guerre a été de favoriser l'Etatisme en augmentant les fonctions de l'Etat. « Le choix s'impose entre la philantropie d'Etat boche et le libéralisme anglo-saxon, entre la voie de l'Etatisme à outrance et celle de la liberté économique, entre le collectivisme et l'individualisme. Il serait nécessaire que l'Angleterre, l'Amérique, la France, la Belgique et l'Italie, restassent unies non seulement au point de vue politique, mais encore au point de vue économique. Le régime du libre échange est appelé à transformer complètement les sociétés : une organisation naturelle où les richessss seraient produites et échan-

gées librement, ferait place à l'organisation artificielle des nations ».

C'est la raison même.

Mais l'expérience de la guerre ne paraît pas avoir supprimé les préjugés de d'Antan. Cependant, il a pu constater les résultats de l'autocratie en Allemagne et en Russie. D'Antan répète l'apologie de l'hérédité, et l'empereur Nicolas, par suite des mariages de ses aïeux à l'étranger, cet héritier des Romanoff, n'était plus Russe. Cependant il représentait pour le moujik l'icône de la puissance politique. Le lendemain de l'abdication le moujik ne vit plus à la place de l'image qu'un trou noir. Les soviets la remplacèrent.

Derouge a pu voir les effets de la dictature du prolétariat en Russie et comprendre par qui, et au profit de qui elle était exercée : mais il a confiance, le socialisme d'Etat fera des progrès foudroyants. Il sera reconnu d'utilité publique par tous les partis ; les classes bourgeoises seront peu à peu annihilées. Seulement il a perdu toute confiance dans le socialisme allemand et il en a peur.

Voilà quelques points, de ce volume plein d'idées. J'ai laissé de côté la question morale et la question métaphysique qui font chacune l'objet d'un entretien. Les métaphores brillantes et sonores s'y heurtent à si grand fracas, que personne ne sera étonné que d'Autan, Derouge et Sérénus ne s'entendent pas.

YVES GUYOT.

AU LECTEUR

—

Dans cet ouvrage j'ai tenté de mettre en relief les principaux mouvements d'idées extrêmes.

Evidemment chacun d'eux pourrait différer sensiblement selon la tournure d'esprit de chaque lecteur.

Il ne faut donc voir dans cet ouvrage qu'une direction, une orientation de différents courants intellectuels vers des Idéals différents.

L'orientation de chaque aspiration pourra seulement représenter fidèlement la généralisation des idées, sans prétendre donner la solution personnelle qui ne pourra être trouvée que par le lecteur.

Chacune des trois aspirations générales répondant aux trois grands mouvements d'idées correspond à l'un des personnages suivants :

C'est d'abord d'Antan, le traditionaliste réac-réactionnaire classique ; puis Derouge, le révolutionnaire intransigeant que l'avenir jugera ; enfin le Dr Sérénus, le libéral intégral que la France goûte peu, mais qui donne cependant la qualité véritable de son âme.

Nos amis abordent au début la question de la forme de gouvernement ; ensuite ils sont poussés à approfondir la question sociale.

Cette première partie de l'ouvrage a trait à la vie extérieure.

Dès lors nos personnages sont amenés à sonder la question morale qui les entraîne jusqu'aux confins de la métaphysique.

Cette seconde partie de l'ouvrage concerne la vie intérieure.

La première soirée où nos amis se retrouvent sert de prologue et la dernière de conclusion.

Les quatre soirées principales séparent le livre en conversations distinctes qui permettent d'effleurer les deux faces de la vie humaine.

Je me suis efforcé de présenter ces personnages avec les idées maîtresses qui leur imprègnent des caractères si différents, et j'aurai touché le but si ce livre donne à penser.

*
* *

Avril 1919.

Pardon, lecteur, le manuscrit de ce livre avait été pris par l'éditeur en juillet 1914... !

Au retour du front l'auteur a retrouvé ses trois personnages.

Ils lui ont dit ce qu'ils pensaient de la France.

ALFRED DE CHABANNES

PREMIÈRE SOIRÉE

PROLOGUE

D'Antan. — Enfin nous voici réunis. Il me tardait de connaître vos impressions d'observateurs sincères sur le cours de toutes ces choses qui permettent de rechercher la caractéristique d'une époque. Je doute que vous puissiez jamais faire renaître en moi la confiance dans ce phénomène que certains appellent progrès, d'autres évolution, et moi décadence.

Dr Sérénus. — Le progrès n'est pas niable. Il se voit tout autour de nous.

D'Antan. — Où donc? Dans les mœurs, dans l'Etat, dans la morale, dans le bonheur? Je ne le vois nulle part, si ce n'est dans les nuages. C'est un mot, et les mots ne sont pas des faits.

Dr Sérénus. — Pour nous aider à vous suivre, il serait intéressant de savoir dans quel sens vous entendez le progrès.

D'Antan. — Mon Dieu, dans son seul sens il me

semble : celui de l'acquisition par le plus grand nombre d'une dose plus considérable de bonheur, j'entends dans une atmosphère morale permettant au genre humain de vivre sur un plan supérieur à celui des animaux.

Eh bien ! je soutiens que l'homme, quelle que soit sa condition, n'est pas plus heureux de notre temps qu'à d'autres époques. Bien plus, j'affirme qu'il est plus malheureux parce qu'il s'affaiblit, j'affirme qu'il s'affaiblit parce que le sentiment moral se meurt et qu'il se meurt particulièrement en France, dans notre pauvre France.

Dr Sérénus. — Attachez-vous donc à nous démontrer pour quelle raison ?

D'Antan. — Elle ne se meurt pas, elle se suicide.

Dr Sérénus. — Et comment cela ?

D'Antan. — Regardez autour de vous vos citoyens, observez-les à tous les degrés des classes de la société contemporaine, et vous verrez ces fauves de l'espèce humaine se complimentant en face, se déchirant par derrière, et toujours prêts à se marcher les uns sur les autres pour arriver plus vite. Soulevez le voile des apparences, et vous verrez que le citoyen de nos démocraties cache son avidité sous le vernis de son hypocrisie.

Ouvrez les yeux, mon ami, et les voleries, les viols, les assassinats, vous apparaîtront, hideux, dans une atmosphère de vices innomables.

Si, au Moyen Age, il était imprudent de se rendre de château en château, il est impossible, en 1914, de laisser une jeune femme se promener seule dans certaines parties du bois de Boulogne; et, si les petites filles de nos campagnes et nos femmes dans les villes risquent la sauvagerie de l'homme moderne, le paysan, lui, court le danger de son propre mal, car, pour votre grande joie, les Eglises se vident, mais les fossés des routes dégorgent d'ivrognes en mal de boisson. Peu importe que le peuple soit mieux nourri au physique s'il se dégrade au moral ! La santé générale s'est améliorée, direz-vous? je vous répondrai que la tuberculose, la neurasthénie et la syphilis exercent des ravages. Il n'y a qu'une seule façon d'améliorer l'homme, c'est de le moraliser. Or, quoi que vous en pensiez, le sens moral est une expression du respect, et le respect est l'un des éléments du sentiment de Dieu. C'est ce sentiment qui a dégagé l'homme de l'animalité.

Votre compréhension néfaste du progrès tend à supprimer de plus en plus en France l'idée de Dieu en même temps que la notion chrétienne de la vie. Voici pourquoi la civilisation moderne est, selon moi, le symptôme positif de la décadence, et voici pourquoi la France se suicide... Elle se suicide parce qu'elle substitue le droit individuel au devoir, l'égoïsme morbide à l'altruisme sublime... Il n'y a pas de droit en morale, il n'y a que des devoirs.

Derouge. — Vous voyez un suicide où je vois un assassinat.

D'Antan. — Que voulez-vous dire?

Derouge. — J'approuve pleinement vos plaintes et critiques en ce qui concerne une civilisation que je trouve comme vous, éphémère, illusoire, abominable. Cependant, nous ne sommes plus du même avis au sujet de la recherche des responsabilités.

D'Antan. — Mais où sont-elles, sinon dans les nouvelles tendances subversives ?

Derouge. — Subversives, peut-être ; destructrices, pas encore.

D'Antan. — Je ne vous comprends pas.

Derouge. — Voici. Voilez-vous la face ! Vous affirmez que les maux de notre temps proviennent de l'affaiblissement du sentiment religieux. Vous en déduisez l'immoralité qui, pour vous, est surtout l'effet du désir de jouir de la vie.

D'Antan. — Oui. L'homme moderne n'est qu'un jouisseur.

Derouge. — Cette immoralité, vous la concevez sous la forme de l'égoïsme en morale, de l'arrivisme en politique, du scepticisme en philosophie. Vous le voyez, je connais vos reproches comme votre rêve ; je l'aperçois : c'est la digue vermoulue qu'une certaine tournure d'esprit présente à l'évolution.

Oui, mon ami, malgré votre très grande intelligence, votre pensée n'est plus libre ; vous possédez une tournure d'esprit façonnée par l'atavisme chrétien. Elle vous oblige à concevoir l'univers dépendant d'une volonté créatrice et cependant la science dévoile chaque jour, le néant des spéculations scolastiques. Néanmoins, ce n'est pas une raison pour trouver que tout est pour le mieux dans le meilleur des mondes. Tout, au contraire, se trouve au pire, dans le plus mauvais des mondes.

Si l'esprit religieux vous fait voir le présent et

l'avenir en noir, l'esprit soi-disant scientifique des démocrates leur fait voir en rose.

Selon moi, l'état actuel de la science nous permet de critiquer de plus en plus nos mœurs, nos traditions, nos lois.

Dr Sérénus. — Ah ! savant, le peuple vous comprendra-t-il ?

Derouge. — Nous saurons nous faire comprendre. Dans ce but, il faut que pendant un laps de temps que je ne puis fixer, la volonté destructrice, radicalement destructrice de l'ordre moral, économique et politique actuel, remplace le programme conservateur d'autrefois et démocrate d'aujourd'hui.

D'Antan. — Comment, vous placez mes idées sur le même plan que celles des démocrates !

Derouge. — Vos idées sont opposées, soit, mais elles aboutissent au même résultat : l'incompréhension des choses.

Le temps n'est plus où une classe avait le droit d'opprimer les autres sous le prétexte de principes soi-disant moraux. La morale classique ne peut désormais s'adapter à nos mentalités.

Quant aux démocraties, elles singent les époques de l'ancien régime : ce ne sont qu'autant de bourgeoises endimanchées ne sachant porter les toilettes des grandes dames.

L'humanité étouffe sous des oppressions occultes. Les férules d'autrefois étaient moins pesantes. Il ne suffisait pas de renverser l'aristocratie, il fallait anéantir la bourgeoisie, la finance et l'Eglise. Notre grande révolution a simplement soulevé des soupapes. Il faut qu'elles sautent. L'heure glorieuse de la révolution sociale a sonné.

D'Antan. — Alea, jacta est.

Dr Sérénus. — Chacun de nous représente l'un des principaux mouvements d'idées. La lutte des Idéals a formé, forme et formera longtemps encore le courant de la civilisation, ce grand fleuve dont les eaux tour à tour furieuses et calmes, fécondes et destructrices, restent toujours imposantes.

PREMIÈRE PARTIE

Vie extérieure

DEUXIÈME SOIRÉE

QUESTION POLITIQUE

Derouge. — Ah, mes amis, curieuse journée l'intéressants moments passés grâce à des heures historiques.

D'Antan. — Cette journée est historique en effet. Je m'étonne que vous daigniez le reconnaître. Aussi je me méfie.

Derouge. — Vous avez tort. La visite à Paris du Roi d'Angleterre restera inoubliable pour moi. Elle me donna l'occasion d'observer les élans d'un amour sincère.

D'Antan. — Quelle monstruosité va-t-il nous exposer !

Derouge. — Aucune. Voici. Je descendais l'avenue du bois de Boulogne, passant lentement au milieu d'une foule endimanchée. Je songeais à ces prétendues nécessités politiques que nos hommes d'Etat mettent en avant pour satisfaire les besoins de snobisme de la République. Je constatais les phénomènes d'atavisme qui rattachent encore cette nation à l'ancien régime. Je marchais au milieu d'une foule joyeuse de saluer un roi.

D'Antan. — Il le reconnait tout de même.

Derouge. — Quand des coups de canons déchirèrent mes oreilles, des cuirasses scintillèrent entre les haies de nos soldats précédant le Roi d'Angleterre fort imposant.

D'Antan. — Le voici royaliste !

Derouge. — Je rends hommage à la distinction.

D'Antan. — Notre révolutionnaire daigna-t-il saluer ?

Derouge. — Je n'en eus pas le temps.

D'Antan. — Attendons-nous à tout.

Derouge. — Du haut d'un tas de sable un homme âgé, conservant encore la silhouette élégante et martiale d'un officier de cavalerie, étendait au bout de son bras nerveux un chapeau à haute forme immaculé, luisant comme un casque. Sa mâle figure était illuminée par l'enthousiasme, tandis qu'à pleins poumons il poussait les cris de « Vive le Roi ». Le souverain était déjà loin que le vieux soldat étendait encore son bras comme s'il présentait un drapeau sur un champ de bataille. Il était beau et je le contemplai. Enfin il descendit de son monticule. Je reconnus alors mon héros. Mais le respect de la douleur subite empreinte sur sa mâle figure m'arrêta, et je m'enfonçai dans la foule. J'avais compris que notre brave d'Antan, après avoir goûté la joie de saluer un roi voyait maintenant devant lui la République.

D'Antan. — Oui, j'éprouvais une joie infinie à m'incliner devant le plus admirable des souvrains d'Europe. En lui je saluais l'incarnation de la pensée d'un peuple sain, en lui je fêtais la plus grande idée humaine : la tradition.

Derouge. — Tradition de quoi ? Que signifie de nos jours ce mot employé à tout propos ?

D'Antan. — Il signifie aujourd'hui ce que toujours. Il veut dire le legs et la volonté de conservation des principes d'ordre, de morale et de vérité qui ont permis aux peuples de commencer et de continuer l'œuvre civilisatrice.

Derouge. — Paradoxe ! Ordre moral et vérité ! S'il vous plait d'englober ces mots dans la tradition, vous ne pouvez exiger que je leur attribue un sens auquel les faits donnent le plus flagrant démenti.

D'Antan. — Que voulez-vous dire ?

Derouge. — Je veux dire que l'ordre est le sens de l'oppression d'une minorité ploutocrate sur les masses ; la morale une conception égoïste de la vie au profit d'une classe de privilégiés, mais au détriment de la grande majorité ; la vérité, le signe de ce que l'on affirme être au rebours de ce qui est, de ce qui s'impose par les faits, enfin le sens artificiel de la vie toujours au profit de la même classe, et toujours au détriment de l'autre. Ah! oui, la tradition est bien la vue bourgeoise de l'existence, et c'est tout dire. Vous estimez que la monarchie comme gouvernement est plus forte que la République. En cela vous n'avez pas tort.

D'Antan. — Vous reconnaissez l'infériorité de la République. Vous êtes franc si vous êtes fou.

Derouge. — J'avoue l'infériorité de la République en tant que puissance despotique, en tant que puissance de police.

Mais une infériorité à votre sens, peut être une supériorité au mien.

D'Antan. — Je retiens cet aveu. Ainsi vous, le socialiste révolutionnaire, vous accordez qu'au point de vue de l'ordre, la monarchie est la véritable forme de gouvernement.

Derouge. — Je nie des entités dont l'utilité n'existe que dans votre imagination.

D'Antan. — L'ordre est la condition essentielle de l'effort, c'est-à-dire du travail, c'est-à-dire de la richesse, c'est-à-dire du bien être général : le gouvernement le meilleur est celui qui parvient à l'établir et à le maintenir. La morale est l'entendement de la vie dans un sens diamétralement opposé à l'égoïsme ; le gouvernement le meilleur est celui qui comprend la nécessité de l'appui de l'Eglise, La politique est la clairvoyance qui unit les hommes par le solidarisme le plus naturel, l'amour de la patrie : le gouvernement le meilleur est celui qui sait fortifier et faire respecter la patrie. La monarchie a fait la France : elle est la gardienne de ses traditions. Votre République immonde la perd pour la raison très simple qu'elle n'est pas assez forte pour mettre le salut de la nation au-dessus des vils intérêts des partis politiques : la République a engendré le régime parlementaire origine de tous les maux de notre temps ; elle est responsable des fautes que les parlements modernes ne peuvent pas ne pas commettre. Votre République n'est que la « chose publique »...

Derouge. — La République ne peut se mettre au-dessus des partis, puisque sa mission consiste à laisser agir les partis les uns contre les autres. Ils peuvent ainsi se livrer librement des combats intéressés. La monarchie, au contraire, met au-dessus d'eux le roi et la discipline. Ils n'agissent alors que pour la forme. Au moindre danger le parlement peut être dissous. Il est donc bien naturel que les partis conservateurs préfèrent la monarchie dont la seule raison d'être, est de maintenir l'ordre des choses existant en rendant impossible une tentative d'amélioration.

D'Antan. — Vous ne comprenez pas que le problème politique se ramène à un dénominateur commun : celui de l'intérêt national. Il exige la protection des intérêts économiques, la défense du pays, le respect de la liberté de l'association ; il réclame surtout un Etat fort. La monarchie vise droit à la prospérité de l'intérêt national sans se préoccuper des partis politiques qui ne tendent qu'aux intérêts particuliers.

La République, au contraire néglige cet intérêt national et favorise uniquement les intérêts des partis.

Derouge. — Que me parlez-vous de la liberté. Ce mot n'a pas de sens en soi. La monarchie, gouvernement d'ordre et par suite d'autorité, répudie le libéralisme. Elle tolérerait les associations qui agiraient selon les intérêts soi disant nationaux et supprimerait les autres. Il serait temps que l'on cessât de nous berner avec ce mot liberté. Il n'y a pas de liberté, Il n'y a que la force de la vie : elle s'imposera par la violence.

D'Antan. — Que faites-vous des théories libérales ?

Derouge. — J'en fais ce que l'on fait des conceptions nuageuses bâties sur la logique pure. Le droit, la liberté et la morale sont des mots commodes pour bercer les illusions chères à l'humanité. Ce n'est pas avec des suppositions que l'on peut avoir des vues exactes sur la vie sociale. Il faut les bannir au contraire pour n'observer que le réel.

D'Antan. — Regardez le Dr Sérénus. Notre rêveur sourit. Je lis sa réponse dans son regard limpide. Si nous le questionnions un peu. Il faut le faire descendre de sa planète.

Dr Sérénus. — J'y reste. A vous de continuer le développement de vos arguments monarchistes. Allons, je réclame une énumération précise.

D'Antan. — Ce ne sont pas des arguments, mais des avantages positifs qui sautent aux yeux de l'esprit qui n'est pas victime d'un parti pris.

Derouge. — Permettez-moi de sourire. Je vous écoute respectueusement.

D'Antan. — Je n'en demande pas tant. La République est le type de la forme de gouvernement issu de notre révolution. Elle aggrave le mal déjà causé par cette odieuse dévastatrice puisqu'elle ne cesse de confisquer au profit du pouvoir central toutes les autorités et toutes les libertés. La révolution avait affaibli le pouvoir central, au lieu de le fortifier, la République le supprime en le rabaissant à l'état de cuistre du parti le plus fort, c'est-à-dire du parti le plus adroit dans l'art moderne d'exploiter les passions des masses.

Derouge. — Et comment le pouvoir central est-il tellement affaibli ?

D'Antan. — Par le Parlement. Le président élu par lui n'offre pas un contre-poids suffisant. Les chambres emploient leurs journées à critiquer les moindres résolutions, les moindres tendances du gouvernement. Celui-ci perd un temps précieux à répondre à ces critiques qui n'ont d'autre visée que de le renverser, sans se soucier de l'intérêt national. Des discussions oiseuses prennent des heures qui devraient être consacrées à l'étude des intérêts du pays. Ces derniers sont mis de côté ; il ne s'agit plus que des intérêts des futurs ministres.

Derouge. — Nécessités politiques Vous ne pouvez les supprimer.

D'Antan. — Voici les néfastes créations de la République. Pour elles la politique s'est superposée à l'intérêt national qu'elle annihile. Il n'est plus question du pays, mais il faut satisfaire de honteuses ambitions. La République est une semeuse de discorde et de haine.

Derouge. — Tel est en effet le rôle normal des gouvernements.

D'Antan. — De la République seule. Ne présentet-elle pas l'organisation la plus propice au régime de « l'assiette au beurre ». Le pillage des deniers publics est inévitable puisque la mission supérieure de l'Etat est supprimée avec la faiblesse de ministres irresponsables. Le pouvoir républicain est collectif et par suite nul. Il ne peut assurer la sécurité générale ni répondre à notre fierté nationale. Il ne peut représenter dignement notre grandeur extérieure.

Derouge. — Vous vous obstinez à lancer contre la République des invectives toutes personnelles. Si vous voulez nous convaincre, présentez-nous un programme.

D'Antan. — Je vous montre d'abord les vices de la République. Enfantée par l'illuminisme révolutionnaire elle reste l'appui du sentiment démocratique : sentiment de haine, d'envie et d'utopie. L'Idéal démocratique n'est autre que la porte ouverte aux ambitions individuelles, c'est le tremplin de leurs basses spéculations. L'Idéal démocratique est réduit à néant par la conception d'une politique positive.

Derouge. — Il n'y a pas de politique positive. Il ne peut exister que des politiques intéressées.

D'Antan. — Il doit y avoir dans un pays fort une politique nationale. Elle est positive.

Derouge. — Nationale ! Mot qui voile la défense des intérêts de la bourgeoisie ! La politique démocrate leur oppose ceux des masses.

D'Antan. — Oh ! je vous attendais là. La République et le libéralisme ont ruiné la notion de l'Etat. Il n'y a pas d'intérêt des masses. L'intérêt du peuple découle de la prospérité de la nation, et celle-ci est liée à la force du gouvernement dans ses fonctions normales. La République, essentiellement centralisatrice, entrave les forces vives de la nation.

Derouge. — Mais au nom de votre ciel, cessez de détruire, noble réactionnaire. Bâtissez à votre tour. Donnez-nous un programme.

D'Antan. — Il faut avant tout une raison qui commande à l'Etat. Les institutions royales substitueraient aux circonscriptions arbitraires, les circonscriptions naturelles, celles qui ressortent de la nature même du pays. Le programme, mon ami, c'est celui de la monarchie. Elle détruirait l'artificiel et le fictif. Elle retrouverait le naturel et l'éternel.

Derouge. — Bigre ! Si vous reprochez à Marianne de ne pas être éternelle, vous êtes bien absolu dans vos exigences.

D'Antan. — Oh ! je vous comprends. Je ne dis pas que le roi est infaillible. J'affirme seulement que c'est par les traditions nationales dont le souverain a la garde, que la monarchie devient la forme supérieure des gouvernements. Le souverain est le protecteur de cette raison séculaire héréditaire et traditionnelle. D'ailleurs, la solution monarchiste est la seule qui soit conforme aux données les plus récentes de la science.

Derouge. — Naïveté ! Et comment cela ?

D'Antan. — La science nous apprend que tous les développements de la vie se font par continuité. Eh ! bien, le principe démocratique qui soutient la République est diamétralement opposé à cette opinion scientifique. Il place le pouvoir dans la majorité. Or, cette majorité est essentiellement instable. D'ailleurs, n'étant que le résultat d'intrigues, elle ne représente même pas la majorité. Et la représenterait-elle, la science ne concorde plus, de toute façon, avec la politique démocratique.

Derouge. — Ici nous pourrions nous entendre. Etant moi-même nettement déterministe je vous comprends. Néanmoins je ne puis admettre que la monarchie, pas plus qu'aucune autre forme de gouvernement bourgeois, soit conforme aux données de la science. Le déterminisme général implique bien la continuité d'un mouvement. Mais vous le comprenez comme un retour vers le passé. Vous confondez la continuité avec la fixité. La continuité du progrès des civilisations nous a conduit devant la nécessité de la révolution sociale. Voici le fait.

D'Antan. — Mots ronfleurs, vides de sens mais gros de conséquences.

Derouge. — Mots précis. Termes d'action entre tous. Nous avons devant nos yeux le passé avec le déroulement des actions d'une classe plus puissante que l'autre. S'il était inévitable que le capital restât d'abord entre les mains des capitalistes, il est nécessaire, de nos jours, qu'il devienne la propriété de ceux qui, seuls, le rendent productif. Autrement dit, nous exigeons, nous autres révolutionnaires, que les agents de production passent des mains des capitalistes bourgeois, exploiteurs des masses, entre celles des travailleurs, puisque ces agents de production sont le résultat du travail. Or, mon ami, le travail c'est le peuple. Il suffit donc que la bourgeoisie se fonde de nos jours dans le prolétariat, devenu maître absolu de la production dans ses différentes branches. Voici le but des révolutionnaires syndicalistes. Il comprend le sens de la continuité de l'effort dans son vrai sens progressiste. Vous, le monarchiste, vous l'entendez toujours comme celui de la stabilité de l'ordre gouvernemental, dans un intérêt exclusivement bourgeois.

D'Antan. — Vous prenez un but de destruction pour le progrès. Vous oubliez complètement les nécessités économiques parce que vous êtes aveuglé par une vaine idéologie. Vous vous empêtrez dans un Idéal métaphysique.

Derouge. — Je proteste. Je ne saurais m'entendre avec un moraliste. Cessez de me prendre pour un métaphysicien, moi, l'homme de l'action brutale.

D'Antan. — Tant pis. Vous vous complaisez dans l'abstrait. Liberté ou justice, sont pour vous le révolutionnaire, comme pour le libéral orthodoxe, des entités qui voilent la réalité. Pour moncompte, je vois l'inégalité partout. A tout propos, vous prenez l'inégalité pour une injustice dont vous rendez responsable une classe. Cependant je distingue les sociétés et je découvre qu'une nécessité primordiale s'impose à elles comme condition majeure de leur prospérité : l'ordre est pour moi cette nécessité supérieure. Voici pourquoi, parmi les formes de gouvernement, je choisis celle qui est à même d'assurer l'ordre. Non, voyez-vous, il est temps, grand temps, d'écarter à tout jamais la pensée sociale des rêves abstraits. Il est urgent d'ordonner les sentiments et les idées. A la religion la mission de préciser la notion de la morale. A la politique celle de donner la notion juste de l'ordre. Aux traditions celle de nous maintenir partout et toujours dans la vérité. Mais, quel que soit le but où s'oriente l'activité de la pensée, elle s'arrête devant l'utilité de l'ordre. Or, il ne naît pas spontanément au sein d'une nation. Le gouvernement doit le rendre possible. Votre République est absolument incapable de l'assurer. Avec la suppression de la responsabilité et de l'hérédité, avec les changements continuels des ministres, elle active le désordre. Par les emplois lucratifs qu'elle offre aux plus intrigants, elle surexcite l'avidité et fomente l'envie. Elle institue un système de privilèges comme on en chercherait en vain dans l'ancien régime. Dans le désarroi général, l'intérêt national est négligé, bien qu'il soit constamment invoqué. L'hypocrisie, la jalousie et l'égoïsme, telles sont les passions que déchaîne la République au nom des mots liberté, égalité, fraternité. Allons, la nation en a assez quoi que vous fassiez ou disiez. Un jour ou l'autre, elle se lassera définitivement des majorités factices qui l'oppriment brutalement et l'exploitent avidement.

Derouge. — Diable ! voici l'homme du passé qui tient le langage du révolutionnaire.

D'Antan. — Les morts revivent par les vivants parce que les éternelles vérités finissent toujours par effacer les erreurs grossières. Vous parlez tous d'évolution. Mais c'est au pouvoir gouvernemental qu'il incombe de régulariser l'évolution des sociétés. Il lui appartient de les diriger afin qu'elles restent fécondes. Le génie de la France et sa conscience sont uniques : voici pourquoi il lui faut un seul chef et un chef héréditaire, gardien de l'atavisme de la conscience nationale. Une lignée de gérants fidèles au même principe, responsables de la même tâche, voici l'indispensable nécessité.

Derouge. — Et par quelle ligne de conduite les vôtres atteindront-ils le but que vous nous faites deviner ?

D'Antan. — Avant tout, il faut que la France passe de l'ancien libéralisme si néfaste à un protectionnisme général, moral, policier, économique, c'est-à-dire national. Il faut à la France une politique locale, une politique traditionnelle, selon la conception scientifique du protectionnisme classique. L'un de nos écrivains les plus célèbres l'a dit magistralement ! Deux mots résument le dessein de la monarchie : liberté, autorité. L'état monarchiste est le maître absolu des affaires de l'Etat. Les associations locales, professionnelles ou confessionnelles sont maîtresses de leurs affaires particulières, à la condition qu'elles ne nuisent pas à l'ordre général ou qu'elles n'empiètent pas sur le domaine de l'Etat.

Derouge. — Tel est le but républicain. C'est justement pour le même motif qu'il a congédié les congrégations. Vous ne voulez donc pas comprendre que tous les gouvernements bourgeois ont les mêmes vices, pour la raison très simple qu'ils exploitent le peuple à leur profit, quelle que soit leur étiquette. Un gouvernement est un parti plus stable que les autres, mais intéressé comme eux, humain comme eux, selon la tradition, c'est-à-dire inhumain.

D'Antan. — Aucun parti républicain n'a jamais conçu de programme dans l'intérêt national.

Derouge. — Donnez enfin le vôtre.

D'Antan. — Hérédité des pouvoirs, suppression du parlementarisme, décentralisation territoriale, administrative, professionnelle, morale, religieuse, protectionnisme général.

***

Derouge. — Ce catholique, ennemi de la métaphysique, a mis du temps à être précis et surtout laconique. Je ne voudrais pas vous froisser. Cependant je vous trouve naïf et bien illogique. Vous parlez de tradition, et vous négligez constamment la tradition, la fameuse tradition monarchiste.

D'Antan. — Comment cela ?

Derouge. — La royauté traditionnelle fut essentiellement centralisatrice. Que me parlez-vous de décentralisation !

D'Antan. — Le programme monarchiste moderne comprend tout d'abord une réaction contre le mouvement d'idées politiques actuelles. Il faut reprendre la vraie voie conçue par les ministres décentralisateurs de l'ancienne monarchie. Tout se réduit à une question politique parce que tout se ramène à la nécessité de l'ordre, de l'ordre par la force. Que vous le reconnaissiez ou non les faits sont là. Si vous consentiez à les observer, ils vous obligeraient de reconnaître que la question mentale, la question morale, la question sociale, tout se réduit à une question politique. Je me contente de soutenir que la seule forme de gouvernement capable de permettre aux législateurs de résoudre la question politique, qui prime tout, vous l'entendez bien, est la monarchie.

Derouge. — Vous l'affirmez, mais alors ne me parlez plus de monarchie décentralisatrice. L'histoire nous prouve que la monarchie fut toujours centralisatrice à outrance. Henri IV et Turgot furent deux exceptions. D'ailleurs leurs points de vue si intéressants ne furent jamais compris par les souverains, les ministres et l'aristocratie de l'ancien régime. Vos idées économiques vous éloignent de la tradition monarchique. Quant à votre programme, il est le seul que tout parti politique bourgeois devrait suivre s'il était capable de comprendre intelligemment ses intérêts. Je vous répète seulement que vous ne me ferez jamais saisir comment, adoptant un programme qui bouleverse les traditions de la politique de l'ancienne monarchie, vous préférez cette forme de gouvernement. C'est un dictateur qu'il vous faut, mon ami, et une révolution. Allons, donnez-moi la main, nous nous entendrons toujours en politique, puisque nous sommes aux deux extrêmes. Soumettez-vous : nous sommes tous deux révolutionnaires, et tous deux partisans des méthodes violentes.

D'Antan. — Erreur. Il faut éclairer la France avant de changer son gouvernement et de recourir à la violence. Ne me parlez plus de dictatures. Si nous nous éloignons des principes centralisateurs des derniers gouvernements monarchistes, c'est parce qu'ils ne répondent plus aux besoins de notre époque. Je vous rappelle que le point capital, au point de vue gouvernemental, est pour nous le principe de l'hérédité. C'est lui qui assure l'ordre sans lequel la décentralisation politique ne pourrait s'effectuer. Ordre par la continuité, c'est-à-dire par l'hérédité d'une famille de souverains, tel est le principe capital de notre politique.

Derouge. — Eh ! bien, mon cher ami, votre programme, j'en suis convaincu, rendrait impossible, en France tout particulièrement, la forme de gouvernement que vous préférez. Je devine que vous prétendez retourner au Moyen Age. Vous me citerez cette époque comme un exemple de décentralisation conciliable avec la monarchie. Je vous répondrai que cette décentralisation n'a pas duré, justement à cause de la monarchie, qui, toujours autoritaire et despotique par tradition, finit par tout englober et par tout centraliser. Il faut aussi songer que la décentralisation du Moyen Age se produisit à une époque de transition. Ne fût-elle pas, au fond, un commencement de centralisation qui fut déterminé et activé par la monarchie naissante. Il aurait fallu une fédération des provinces pour que la décentralisation subsistât. Mais alors que serait devenue la monarchie ? Non, mon ami, la monarchie française a été et sera toujours centralisatrice. Ce cataclysme est son invention, et le ridicule de la République est bien de toujours l'imiter. Si notre République française n'est pas une République de fait, n'est-ce pas parce que les traditions monarchistes y subsistent encore. Quant à votre programme, il pourrait certes être celui d'un parti républicain bourgeois intelligent et logique avec lui-même. Je le préférerais à celui de nos parlementaires, tas de « fumistes » arrivistes.

D'Antan. — Très heureux, mon ami, que vous daigniez tenir compte de mon programme. Je regrette vivement que M. Maurras ne soit pas ici. Il défendrait sa noble cause mieux que je ne saurais le faire. Je n'ai pu, hélas, que vous donner un bien petit aperçu de ses grandes idées.

Avant tout, n'oubliez pas qu'un gouvernement n'a de force pour nous, que par le principe de l'hérédité qui, seule, peut lui assurer la stabilité. La monarchie héréditaire est une réalité en tant que gouvernement ; les autres sont des fictions.

Nous lui donnons un programme minutieusement étudié dans les intérêts nationaux du pays. Gouvernement possible, réformes nécessaires rendues efficaces par lui : voici notre but.

***

Derouge. — Gouvernement impossible, réformes néfastes, rendues possibles dans les rêves d'écrivains de parti-pris, voici la réalité. Cependant, je dois vous l'avouer, j'estime les bourgeois lorsqu'ils ont le courage de s'afficher en tant que bourgeois capitalistes. S'ils se présentaient comme tels, nous saurions sur quel terrain lutter. Nous serions enfin débarrassés du ridicule de tous ces parasites qui font un tort incalculable à l'Idéal révolutionnaire en se servant de son étiquette pour tromper le peuple. Oui, mon cher d'Antan, la droite de la chambre est notre ennemie. Nous la respectons néanmoins plus que sa gauche, menteuse et lâche.

D'Antan. — Vous allez loin. Avant d'attaquer ceux qui vous soutiennent si activement sur le terrain législatif, il faudrait justifier vos durs reproches.

Derouge. — Nous n'avons pas besoin d'être soutenus. Nous voulons agir. Les demies mesures réclamées par les humanitaires du parlement empêchent notre action. Elles trompent le peuple en lui faisant croire que la société capitaliste actuelle a le droit de subsister à la condition que l'Etat protège le prolétariat. Or, nous n'avons que faire de l'Etat. Nous voulons l'anéantir comme le dernier vestige de la société bourgeoise. Toutes ces interventions d'un Etat soi-disant socialiste ne sont bonnes qu'à berner le peuple parce qu'elles lui font oublier le but révolutionnaire. Voici pourquoi notre programme, qui est avant tout un programme d'action, réclame un but précis. Nous préférons donc un ennemi ouvertement déclaré comme tel. En un mot nous préférons combattre un programme de franche réaction basé sur l'ordre et sur l'autorité, que perdre un temps précieux à divulguer ces programmes philanthropiques qui font croire au peuple que l'Etat doit secourir le prolétariat. Nous voulons semer dans le peuple la haine de l'Etat, la haine de tout ce qui touche tant soit peu à la société bourgeoise. Nous voulons bouleverser de fond en comble l'ordre actuel et par conséquent supprimer l'Etat. Soyez certain qu'avec une monarchie notre tâche serait plus dure. Mais elle serait plus précise et par suite plus populaire, puisque, l'ennemi, nous pourrions le montrer franchement. Avec les humanitaires, soi-disant démocrates, il nous faut dévoiler les flatteries, le mensonge et la ruse. Notre tâche est singulièrement compliquée. Il est cependant une chose consolante.

D'Antan. — Voyons.

Derouge. — C'est que le socialisme d'Etat l'affaiblit et prépare sa décomposition.

D'Antan. — Ainsi donc, le voici royaliste.

Derouge. — J'abomine la monarchie et son programme. Je préfère seulement la lutte ouverte aux luttes occultes, la facilité de prouver au peuple l'égoïsme d'une classe oppressive, à la difficulté de lui dévoiler la fausseté de partis politiques qui ne songent en effet qu'à l'exploiter. Si les réactionnaires sont de francs oppresseurs, les politiques démocrates sont d'habiles spéculateurs. Débarrassés des seconds nous pourrions lutter plus énergiquement contre les premiers. Les réactionnaires sont nos ennemis de droit, les socialistes et les radicaux sont nos pires ennemis de fait. En présence de nos véritables ennemis de droit, la lutte pourrait s'engager avec la splendide énergie de deux Idéals opposés entre deux classes dont les intérêts sont différents. Et puis, mon ami, ces deux camps luttant, l'un pour le maintien de ses privilèges, l'autre pour leur appropriation, n'ont-ils pas une tournure d'esprit commune qui simplifierait la lutte en la cantonnant sur le domaine de la réalité ?

D'Antan. — Que voulez-vous dire ? En quoi nos façons de concevoir les choses ont-elles un point de commun ?

Derouge. — En ce que mon cher d'Antan, nous sommes des hommes d'action pure. Nous avons su nous débarrasser des rêveries qui obstruent la pensée des libéraux. Nos idées différentes en tous points reposent cependant sur une même base pessimiste. Le politique démocrate parlera de l'optimisme comme d'une foi sociale. Pour nous, au contraire, l'optimisme sied aux âmes faibles qui se complaisent dans de vaines chimères parce qu'elles redoutent de faire face aux obstacles de la réalité. Pour vous, l'homme ne peut rien sans une méthode d'observation exacte qui, toute retrospective, tire sa conclusion d'après l'expérience de nos ancêtres. Vous avancez ainsi que l'humanité ne peut rien sans la tutelle de l'ordre et sans la tutelle de la morale ! Ces deux disciplines trouvent leur expression active et morale dans la monarchie et dans l'Eglise.

La même méthode d'observation exacte conduit nos esprits à soutenir qu'un déterminisme inflexible règle l'évolution. Mais au lieu de soumettre la civilisation à des traditions immuables, je la reconnais dépendante de ce déterminisme qui l'enchaîne par une loi d'airain : j'entends la nécessité. Elle exige le remplacement d'un système de civilisation qui satisfait les intérêts d'une minorité par le règne de la justice que nécessite l'intérêt de la majorité. Cependant, de toute façon, nous avons les uns et les autres une vue pessimiste de la vie qui nous oblige à recourir à la violence soit par l'Etat, soit par les masses. Nous dédaignons ainsi avec raison, ces utopies qui trompent l'homme en lui faisant croire que tout est pour le mieux dans le meilleur des mondes. Nous affirmons l'opposé.

d'Antan. — Oui, nous reconnaissons la faiblesse humaine comme la loi fondamentale de la vie. Je prétends seulement que votre conception équivaut au meurtre de l'humanité, la mienne, à son éveil. Mais, quittons ce sujet ; nous ne nous convaincrons jamais. A mon tour, je vous somme de présenter votre programme.

***

Derouge. — Il est plus que simple. Il est sommaire.

D'Antan. — Tant mieux. Je pourrai peut-être vous écouter.

Derouge. — Notre but est de transformer radicalement la société actuelle que nous qualifions de civilisation bourgeoise, puisqu'elle se trouve au pouvoir des capitalistes. Il s'agit de la placer sous la domination du prolétariat, seul possesseur légitime du capital. Il n'est qu'un moyen d'y parvenir : celui de la révolution sociale. Pour nous, tout se réduit donc à l'apprentissage révolutionnaire du prolétariat par la propagande en faveur de la grève générale.

D'Antan. — Et comment organiserez-vous cette propagande ?

Derouge. — Par les syndicats révolutionnaires. Le socialisme d'État est une déviation de l'Idéal révolutionnaire ou plutôt une réaction vers les idées bourgeoises. Il faut rompre radicalement avec les humanitaires qui prétendent faire la révolution sociale à l'aide de quelques secours monétaires. Il s'agit de remplacer l'Etat bourgeois et la société capitaliste par le syndicalisme et le prolétariat. Nous devons donc, avant tout, entretenir l'esprit gréviste, activer surtout sa violence. Elle doit être exercée comme une simple manifestation du sentiment de lutte d'une classe opprimée contre ses oppresseurs. La violence prolétarienne acquerra ainsi le caractère du sublime qui convient à un Idéal de Justice.

D'Antan. — Ouf! Nous y sommes. Allons, docteur Sérénus, vous devez être satisfait de votre disciple!

***

Dr Sénérus. — Je vous reconnais à ce mot, fanatique réactionnaire, pessimiste, ami du révolutionnaire farouche. C'est la coutume, en effet, dans les milieux réactionnaires, de rendre responsable les libéraux individualistes des folies révolutionnaires.

Derouge. — Ce langage ne m'étonne pas, dans la bouche d'un métaphysicien.

Dr Sérénus. — Vous voulez dire d'un psychologue. Je crois, mon ami, que bien peu d'esprits parviennent à se placer devant la stricte réalité bien que tous le prétendent. Si l'on quitte l'observation des phénomènes généraux de la vie pour étudier l'homme, il est aisé de s'apercevoir que les intelligences qui se croient soumises aux méthodes d'observation, sont, le plus souvent, influencées par le sentiment : tel est le cas de vos deux esprits.

D'Antan. — Que voulez-vous dire?

Dr Sérénus. — Ne persistez-vous pas, à observer

les sociétés à travers le tamis de vos tendances personnelles ?

Derouge. — Je vois le fait.

D'Antan. — Moi aussi.

Dr Sérénus. — Oui, mais transformé par une opinion faussée par une sentimentalité qui dénature la réalité. C'est ainsi que vous, d'Antan, amoureusement attaché au passé, vous faites du respect de l'ordre et des traditions une doctrine immuable. C'est ainsi que vous Derouge, dominé par les impulsions violentes d'un sentiment de justice, faites du désir d'un bouleversement général une doctrine non moins absolue.

Derouge. — Certes nous sommes pessimistes !

Dr Sérénus. — Vous jugez tous deux l'optimisme avec une bien grande légèreté en affirmant qu'il ne tient compte ni de la faiblesse humaine, ni des obstacles. Si l'optimisme est une doctrine de confiance, une école de volonté et d'énergie, il n'en reste pas moins l'effet de l'observation de la faiblesse humaine, puisqu'il vise à la soutenir. Il me semble, au contraire, que le pessimisme est une école de découragement, par l'annihilement de la volonté. Je ne comprendrai jamais que le fait d'une difficulté implique le pessimisme. Il me paraît évident que le désir de la vaincre en est la conséquence. L'histoire de la civilisation économique est là pour nous prouver que l'homme s'affirme devant l'obstacle. Cette affirmation est la base logique de l'optimisme. Il enfante la notion de la liberté, c'est-à-dire le libéralisme, et celle de la volonté, c'est-à-dire l'individualisme.

***

Derouge. — Je ne vous répondrai pas dans la crainte de vous lancer sur des questions de morale. Je serais curieux de savoir, honnête rêveur, ce que vous pensez du programme politique de d'Antan.

Dr Sérénus. — Vous lui avez dit de fort justes choses. En tant que programme politique, conçu dans l'intérêt d'une classe et dans celui de l'Etat traditionnel, responsable de l'ordre général et de la défense extérieure, ce programme me semble excellent. Comme vous, j'estime qu'il est celui d'un dictateur capitaliste. Je pense aussi que l'invocation du principe d'hérédité ne saurait suffire pour enclaver ce programme dans les traditions monarchistes. Je crois, en effet, que le but de créer une déviation des idées nationales cache le prétexte de transformer les traditions monarchistes, ce qui me semble une première impossibilité. J'en vois une seconde dans la prétention de se heurter à la sentimentalité française profondément attachée à la République. J'en perçois une troisième dans la volonté de s'attaquer aux intérêts politiques de notre petite bourgeoisie qui, née sous la République, n'abandonnera jamais cette forme de gouvernement. Quant aux reproches violents qui lui sont adressés, ils ne sont que l'éternelle rengaine des esprits politiques qui ne sont pas au pouvoir. Malheureusement les gouvernements se valent, car ils [illegible] sont le produit de la politique qui est une bien triste chose. Mais puisque vous me demandez mon avis : là n'est point la question. Il est important de savoir si la question politique prime toutes les autres. Si oui, je veux bien donner raison à d'Antan. Si non, je le qualifie à mon tour d'utopiste. Eh bien, il me semble qu'il ne faut pas observer longtemps nos sociétés modernes pour remarquer que les phénomènes économiques acquièrent, de jour en jour, une prépondérance sur les nécessités politiques. La question économique semble être désormais la plus importante de toutes. J'estime donc que s'entêter à rechercher la meilleure forme de gouvernement est une perte de temps. Toutes sont bonnes, ou bien toutes sont mauvaises, selon la façon dont les hommes d'Etat comprennent l'économie. Le gouvernement qui prétend solutionner, ou même améliorer la situation économique commet une grande faute. Je pense qu'affirmer comme l'a fait d'Antan, que les questions mentales, morales, sociales, se réduisent à la question politique, c'est faire preuve de la plus grave erreur et mettre en avant la plus évidente des inanités. La politique qui fut tout dans le passé peut être rien ou presque rien à notre époque, sauf par les désordres qu'elle rend inévitables. D'Antan n'ouvrait la bouche, comme ses amis les réactionnaires, que pour invoquer le mot d'ordre. Qu'il renonce à songer à la politique pour approfondir l'économie. Il comprendra alors que l'ordre ne saurait être l'effet de la politique, mais qu'il ressort bien de l'enchaînement naturel des phénomènes économiques. Le désordre est l'effet fatal de l'ignorance des hommes politiques en matière économique : voici l'évidente et malheureuse vérité. Cette ignorance de l'économie générale, mon pauvre d'Antan, vous la soulignez avec nos hommes d'Etat en affirmant la nécessité d'un protectionisme général. La voici, mon ami, la formidable erreur du nationalisme. Vous avez été jusqu'à prôner la nécessité de coordonner les idées. Vous énonciez en ces termes une anomalie qui fait comprendre jusqu'où peut conduire l'aberration de la foi dans l'Etat.

Derouge. — D'Antan n'a pas l'air de vous écouter. Laissons-le au Moyen-Age. Au moins vous reconnaîtrez que je suis, pour ma part, dénué d'esprit politique.

Dr Sérénus. — Vous êtes dénué de l'esprit politique bourgeois. Mais le fait de prétendre bouleverser l'ordre naturel en mettant la main sur la législation et sur l'Etat, est un programme politique de destruction. Si d'Antan est attaché au maintien de l'existant, vous êtes entraîné par le désir de le détruire. Vos sentimentalités vous conduisent à deux programmes opposés. Elles vous obligent en même temps à commettre une erreur semblable : l'oubli du fait. L'un et l'autre, vous isolez l'homme, qu'il soit capitaliste ou prolétaire. Si vous consentiez à observer l'homme dans son milieu, si vous observiez les produits de ses efforts, vous reconnaîtriez que, tous deux, vous rêvez des sociétés abstraites, puisque vous forgez des sociétés pour l'homme, en dehors de son milieu naturel qu'il ne vous appartient pas de transformer. Oui, Derouge, d'Antan rêve une société fabriquée par l'Etat, société toute artificielle. Quant à vous, vous rêvez une société reconstruite sur les bases d'associations politiques encore plus artificielles. L'un de vous désire le *statu quo* de l'Etat par l'esprit politique de jadis, et l'autre, sa suppression par l'esprit politique du prolétariat. Utopistes ou bien enfants, choisissez l'épithète que vous préférez.

D'Antan. — Nous prenons les deux. Nous nous consolerons en acceptant des affirmations et non des preuves.

Dr Sérénus. — Pour vous expliquer mon point de vue, il faudrait aborder la question économique.

Séparons-nous donc et, chacun de notre côté, que nous possédions ou non la foi dans l'Etat, étudions avec soin son rôle logique, ses fonctions naturelles. Le résultat de ces réflexions nous fera décider si, oui ou non, les questions économiques morales et sociales doivent être subordonnées à la politique. Les législations activent-elles le progrès, engendrent-elles en quelque sorte de nouvelles forces d'énergie, donnent-elles ainsi un essor aux civilisations, ont-elles enfin un rôle de création? Les législations ne font-elles au contraire que faciliter le progrès, ne sont-elles que les résultantes naturelles de ses besoins, ne sont-elles que la répercussion nécessaire de ces activités diverses qui proviennent de l'énergie humaine et du génie inventif de l'homme? N'ont elles alors qu'un rôle d'assurance? Pour me résumer les législations, et avec elles l'Etat, sont-ils une cause d'énergie ou bien un simple effet de l'énergie nationale ? Voici la question qu'il faut trancher pour donner raison à votre foi dans l'Etat, à l'Etatisme enfin. Et cette question, mes amis, est certes plus importante que celle de la forme du gouvernement. La meilleure n'est-elle pas tout simplement celle que la nation préfère et, cette préférence, n'est-elle pas la conséquence de la confiance méritée du pays ? Il est donc nécessaire que la voix du peuple se fasse entendre équitablement. C'est ici qu'apparait la nécessité de la rénovation du système des élections. Il est urgent que l'amélioration pratique du suffrage universel attire l'attention des politiciens.

TROISIÈME SOIRÉE

QUESTION SOCIALE

D'Antan. — Ah ! J'attendais notre réunion avec impatience. Salut ! docteur Sérénus. Vous pouvez vous vanter de mettre mon tempérament à de rudes épreuves. Vos paradoxes me font l'effet de secousses électriques. Je n'ai certes pas eu à réfléchir aux fonctions de l'Etat : la solution est trop facile. Je me demandais seulement comment un homme intelligent pouvait se poser des questions aussi simplistes.

Dr Sérénus. — Vous pouviez dire absurdes. Votre violente indignation ne me surprend pas : vous êtes dominé par les idées exclusivement traditionalistes que je qualifierai de classiques. Permettez-moi de vous poser une question. Ne croyez-vous pas qu'à côté des faits politiques, il subsiste des phénomènes économiques qui donnent un tout autre sens aux fonctions de l'Etat ?

D'Antan. — Pour les rêveurs, cela est possible,

cela est même certain, car l'aptitude au rêve exclut l'idée d'ordre. Pour me faire comprendre de vous, cher philosophe, j'emploie votre jargon. L'Etat est la simple synthèse de trois pouvoirs sociaux : le pouvoir législatif, le pouvoir judiciaire et le pouvoir exécutif. Les esprits faux séparent ces trois pouvoirs. Voici l'erreur. Ils sont seulement distincts car ils représentent les trois formes d'un principe unique qui est le principe constitutif de toute société : l'autorité. Mais, vous ne pouvez me suivre, votre intelligence se plaisant dans le vague.

Derouge. — Allons, éternel despote, respectez au moins la pensée.

D'Antan. — Si, parfois, je puis tenir compte d'une pensée, j'abomine, j'exècre les penseurs ; ce sont autant « d'accumulateurs » de faussetés, de paradoxes dangereux, d'esprit néfastes que je voudrais...

Derouge. — Faire griller. Parbleu, votre Idéal est celui des temps de l'Inquisition. Les réactionnaires, voyez-vous, feraient mieux de se réclamer des principes de la violence.

D'Antan. — Que vous resterait-il alors ?

Derouge. — Invoquez l'autorité par la violence, et nous invoquerons à notre tour la justice par la violence. Mêmes procédés, mais buts différents. Si l'égoïsme vous est propre, la justice est notre fait.

Dr Sérénus. — Trêve de discussions de mots. Vous affirmiez, d'Antan, la nécessité du rôle autoritaire de l'Etat. Vous l'avez défini en ce qui concerne la politique. Continuez maintenant en ce qui regarde l'économie générale.

D'Antan. — Pourquoi séparer ces deux questions, puisque tout se ramène à la politique. Enfin je vais m'efforcer de vous contenter.

Derouge. — Nous sommes toute oreille... Les yeux clos !

D'Antan. — Malhonnête sauvage.

Derouge. — Aimable civilisé, j'entends mieux dans la nuit.

D'Antan. — Vous faites allusion à la nuit des idées, perfide nihiliste. Je ne m'adresse pas à vous. Je parle pour le docteur Sérénus. Comme les rêveurs, cher docteur, vous êtes un libéral. Votre libéralisme, que je qualifierai non pas de classique mais d'orthodoxe, est l'ennemi des interventions de l'Etat. Je touche l'utopie du doigt. Refuser à l'Etat son rôle protecteur, c'est ne pas comprendre les premiers éléments de l'économie nationale. Que deviendrait, en effet, la richesse générale d'un pays, sans l'intervention quotidienne de l'Etat? Dans toutes les branches de l'activité productrice, elle se manifeste constamment comme une nécessité vitale. Voici le fait.

Derouge. — Vous parlez au nom d'une classe.

D'Antan. — Je parle au nom de la nation. Je précise. L'intervention de l'Etat dans la production n'est pas seulement utile pour défendre les intérêts du pays, elle est surtout une simple mesure d'humanité et de patriotisme.

Derouge. — Nous n'avons que faire de votre fastidieuse philanthropie. Si nous la tolérons parfois c'est parce qu'elle nous donne les moyens de vous perdre.

D'Antan. — Sous un gouvernement fort vous seriez en exil. La République vous nourrit et vous flatte ! Je reviens à mon sujet. L'intervention de l'Etat est aussi nécessaire dans l'intérêt des salariés qui forment le peuple, que dans celui des capitaux qui le font vivre. Cependant l'efficacité de l'intervention dépend de la puissance de l'Etat. Voici pourquoi : tout, absolument tout, se ramène à une question politique. J'éclaircis et je précise. Il est indispensable que de l'ancien libéralisme, la France passe à un protectionnisme général que son état maladif impose. L'autorité, seule, peut rendre efficaces les droits naturels et rationnels de protection qui incombent au gouvernement. Il peut certes être inspiré par des conseillers. Il ne peut avoir qu'un maître. Il n'appartient qu'à la monarchie de restaurer la notion de l'Etat.

Dr Sérénus. — Eh ! bien, mon cher d'Antan, sans vous en douter, vous ramenez la question sociale à une question économique et non à une question politique.

D'Antan. — Comment cela ?

Dr Sérénus. — Voici. Vous affirmez qu'un rôle de protection incombe à l'Etat et c'est à cause de ce rôle de protection premièrement, et secondement d'après les aptitudes du gouvernement à le remplir, que vous choisissez sa forme, c'est-à-dire la monarchie.

D'Antan. — Parfaitement.

Dr Sérénus. — Vous oubliez que, faire dépendre le choix d'une forme de gouvernement de la nécessité soi-disant primordiale d'une protection générale, revient à remener la question sociale à une question économique.

Derouge. — Assez de scolastique.

Dr Sérénus. — Nous sommes ici pour raisonner logiquement.

D'Antan. — Parlez. Vos divinités, la logique et l'utopie, se donnent souvent la main.

Derouge. — Immoral !

D'Antan. — Taisez-vous, apache. Laissez-moi « asticoter » notre excellent docteur. Je veux l'empêtrer dans ses propres utopies. Après je vous laisserai divaguer' Dans notre réunion, vous êtes les deux malades qu'il faut soigner.

Derouge. — Deo gratias !

D'Antan. — Je voudrais pouvoir comprendre, docteur, vos... raisonnements. En quoi reconnaître les devoirs de protection de l'Etat, est-ce subordonner la politique à l'économie ?

Dr Sérénus. — Vous comprendrez tout à l'heure que la question sociale doit se discuter sur le terrain économique et non sur le terrain politique. Mais il en résulte alors que la compréhension de l'économie fait attribuer à l'Etat ses seules fonctions efficaces parce qu'elles sont naturelles.

D'Antan. — Les fonctions naturelles de l'Etat consistent dans ses devoirs de protection générale.

Dr Sérénus. — Vous l'affirmez. Pour le moment,

je m'efforce de vous démontrer qu'en attribuant à l'Etat un devoir de protection générale, vous soulignez l'importance de la question économique. Je voudrais que vous reconnaissiez qu'ici nous sommes d'accord.

D'Antan. — Jamais de la vie. J'ai le bonheur de me trouver à vos antipodes et j'y reste.

Dr Sérénus — Vous affirmez constamment la nécessité de protection générale, de protection nationale. Il me semble que l'idée de protection englobe l'économie d'une nation. Réfléchissez bien au sens économique du mot protection. Que signifie-t-il? L'intention positive d'augmenter les bénéfices des producteurs par l'élévation des prix de vente en fixant des droits d'entrée sur les produits étrangers. Etudions le mécanisme du système. Dans tel pays un produit se vend moins cher que dans tel autre; il trouverait d'autant plus facilement à se vendre dans ce dernier pays que les producteurs nationaux y livrent le produit similaire à un prix plus élevé. Immédiatement, les producteurs de ce pays réclament des droits d'entrée sur le produit étranger qui se vend moins cher, voulant éviter que leurs prix de vente ne s'abaissent. Aussitôt, l'Etat fait droit à leur réclamation en fixant des droits de douane sur les produits venant de l'étranger. L'Etat remplit ainsi son devoir de protection parce que, selon vous, il encourage la production nationale.

D'Antan. — Rien de plus juste.

Dr Sérénus. — Ce procédé s'appelle le protectionnisme.

D'Antan. — C'est le seul système rationnel, parce qu'il s'impose au bon sens.

Dr Sérénus. — Vous pouvez l'imaginer rationnel, je vous prouverai néanmoins qu'il est contraire au bon sens.

D'Antan. — Vous avancerez un paradoxe de plus.

Dr Sérénus. — Certainement si vous appelez paradoxe le fait. Mais attendez. Je suis pour l'instant protectionniste. Accordez-moi au moins qu'un système qui a pour but d'encourager et de protéger la production a bien trait à l'économie d'un pays. Votre point de départ est donc le même que le mien : nous nous préoccupons tous deux de la richesse du pays, de son intérêt économique, enfin. Mais, parce que vous voulez l'intervention de l'Etat vous avancez que tout, dans une nation, se ramène à une question politique.

D'Antan. — Vous discutez sur des mots. Je vous concède un instant que la question économique est primordiale. La richesse d'un pays dépend de sa force productrice. L'Etat a donc pour mission de veiller à la prospérité de la production nationale. Il est puéril d'affirmer le contraire. Je reste sur ce terrain économique qui vous est cher, docteur Sérénus. J'y reste puisque je me place au seul point de vue de l'effort humain. Les produits de cet effort utile sont des agents de production, c'est-à-dire des capitaux sous leurs formes diverses, et c'est le capital, le capital national, qui fait vivre le peuple.

Derouge. — Le capital devrait le faire vivre. Dans notre société bourgeoise, les capitalistes l'affament.

D'Antan. — Je ne m'occuperai pas de vous... L'Etat doit protéger et encourager le capital qui assure au peuple sa vie journalière. Eh bien, je soutiens qu'il n'est pas possible d'étudier consciencieusement les faits économiques sans reconnaître que la forme de gouvernement la plus apte à défendre les intérêts des producteurs est la plus simple, la plus ordonnée, la plus forte ; la monarchie. Oui, docteur Sérénus, l'intérêt du pays est bien celui de l'économie générale. Il n'en est pas moins évident que la défense des intérêts de la richesse nationale aboutit aux choses d'ordre politique, puisqu'elle conduit à la nécessité de l'action d'un gouvernement capable de défendre les intérêts de la production. L'économie amène la politique. Mais la politique solutionne l'économie. Il faut donc toujours revenir à la question politique.

Dr Sérénus. — Bien. Vous êtes quitte. Vous venez de démontrer comment, si l'on se place au point de vue seul de la production on est amené à invoquer la protection et que, par suite, la question économique déroge en question politique. Je vous résume. Protectionniste avant tout, vous en arrivez à préférer la forme du gouvernement la plus solidement constituée. Vous êtes logique. Il est logique en effet que l'intention protectionniste conduise au programme monarchiste, puisque son principe directeur et avoué est un principe de protection économique, morale, religieuse, philosophique, artistique, etc... Les citoyens sont devenus de petits poussins qui ne doivent pas s'éloigner des ailes de la poule-Etat.

4

Votre tradition monarchiste est bien la synthèse du système protectionniste. — Tels n'étaient pas les principes économiques de Turgot : la grande faute de la monarchie est bien de ne pas les avoir érigés en tradition. — Maintenant que vous avez avancé que le sens politique est celui de veiller à l'application des mesures exigées par les nécessités économiques, vous reconnaîtrez avec moi que, pour approfondir l'ensemble des questions sociales, il est indispensable de laisser de côté la politique pour étudier l'économie.

D'Antan. — Parfaitement.

***

Dr Sérénus. — Vous avez tenté de démontrer que la défense des intérêts de la production exige l'intervention continuelle de l'Etat. C'est ici que je vous arrête pour vous demander de ne plus sortir de ce terrain exclusivement économique.

D'Antan. — Entendu.

Dr Sérénus. — Je vous demande alors si vous êtes bien persuadé que, dans l'intérêt d'un pays, il faille reconnaître la nécessité de la protection légale de la production. Etes-vous bien sûr enfin que le système protectionniste soit le seul système économique qui favorise la richesse nationale. Si oui, je vous donne raison, je reconnaîtrai que, pratiquement, la question politique étant tout, la forme de gouvernement est primordiale. Si non, je vous obligerai à affirmer qu'elle est secondaire, et que, théoriquement comme pratiquement, l'économie générale étant tout, la forme de gouvernement est relative.

D'Antan. — La réponse est facile. Nous savons qu'une idée maîtresse domine le régime économique des peuples modernes. On peut la formuler par ces mots : se suffire à soi-même. Quoi de plus logique, en effet, pour une nation que de chercher à subvenir à ses propres besoins au lieu de s'adresser à l'étranger pour les satisfaire? Charité bien ordonnée commence par soi-même. Voici l'a b c de la science économique. Oh ! je connais les raisonnements des économistes orthodoxes. Quelle folie, disent-ils, que de s'acharner à acheter plus cher, dans son propre pays, les produits que l'on peut trouver à meilleur marché ailleurs ! Mais nous, protectionnistes, de les arrêter net, et de répondre : une nation doit songer à son intérêt national si elle ne veut péricliter. Nous préférons donner l'argent du pays à nos ouvriers qu'à des étrangers. Cet argent les fait vivre d'abord ; de plus, il reste dans le pays et profite à tous, au lieu d'enrichir l'étranger.

Dr Sérénus. — Vous voulez favoriser l'augmentation de la richesse grâce au maintien des produits nationaux à un prix élevé. Vous prétendez ainsi favoriser la prospérité du pays.

D'Antan. — C'est exact.

Dr Sérénus. — J'attire votre attention sur ce

mot richesse. Je suppose que vous l'employez dans le sens d'une chose matérielle que l'homme estime lui être utile parce qu'elle répond à ses besoins.

D'Antan. — Oui. L'utilité est inhérente aux richesses. L'homme a des besoins vitaux. Il cherche à les satisfaire. Ces choses qui répondent à ses besoins sont des richesses. L'homme tient les richesses du milieu où il vit. Il les crée à l'aide d'instruments qui sont des agents de production. Ce sont les capitaux. Les capitaux sont la richesse d'un pays. Il faut les défendre contre l'étranger. Voici la raison d'être du protectionnisme. Voici pourquoi ce système rationnel est une nécessité absolue.

Dr Sérénus. — Vous commenciez à parler en économiste, vous terminez en politicien.

D'Antan. — Que voulez-vous dire?

Dr Sérénus. — Vous commenciez à parler en homme au courant des phénomènes économiques, vous terminez en homme qui se refuse à les comprendre.

D'Antan. — Merci. Mais où voulez-vous en venir en insistant sur la richesse?

Dr Sérénus. — Les protectionnistes s'imaginent augmenter la richesse d'un pays en maintenant les prix d'un produit à un taux suffisamment rémunérateur.

D'Antan. — Ils ne s'imaginent pas, malheureux! Ils sont absolument certains qu'agir de la sorte, c'est voir nettement l'intérêt économique du pays. Avant tout, il faut protéger et encourager la production, car la richesse en dépend.

Dr Sérénus. — Je retiens votre affirmation. Vous prétendez de la sorte augmenter la richesse. Vous croyez y parvenir en établissant un droit sur un produit qui, sans lui, se vendrait moins cher. Vous encouragez ainsi la production, dites-vous. Soit. Mais en l'admettant, vous y parvenez en augmentant le prix d'une utilité. Cette augmentation de prix oblige les consommateurs à élever leurs dépenses quotidiennes. Votre droit de douane remplit le même effet qu'un impôt. Votre droit est un impôt occulte qui vient augmenter considérablement le prix de la vie puisqu'il pèse sur toutes les utilités que l'homme réclame.

D'Antan. — Naïf ! Qu'importe que le prix de la vie soit augmenté si la production est encouragée. Si vous voulez que les agriculteurs et les industriels travaillent pour rien, dites-le de suite et notre discussion sera terminée à la grande joie de Derouge.

Dr Sérénus. — Vous avez parlé dans l'intérêt de la richesse nationale. Je le discute. Vous avancez l'intérêt des producteurs : c'est à lui-même que je vous demande de réfléchir. Comprenez donc qu'il dépend toujours de celui des consommateurs. Je m'explique. Un producteur crée une chose quelconque que nous appelons utilité. Observons ensemble le phénomène économique qui en règlera le prix. Le producteur offre une marchandise au consommateur; si elle est très chère, beaucoup de consommateurs s'en priveront ; si elle est offerte à un prix modéré, la plupart des consommateurs la désireront. Or, remarquez-le bien, c'est l'augmentation de cette demande de produits qui en fait élever les prix. Plus la demande est grande, plus les prix montent et réciproquement.

D'Antan. — Parfaitement, c'est ici que l'intervention de l'Etat est indispensable pour empêcher les prix de baisser au grand détriment de la production nationale et au profit de l'étranger.

Dr Sérénus. — Je continue. Vous voulez bien que la production travaille pour satisfaire à la demande. Pour être plus simple, les vendeurs sont à la disposition des acheteurs. Plus les consommateurs achètent, plus les vendeurs ont de profit, parce que la demande augmente et avec elle les prix. Moins les consommateurs achètent, moins les vendeurs ont de profit, parce que la demande diminue et avec elle les prix.

D'Antan. — Vous imaginez-vous, maintenant, que nous avons six ans ? Pourquoi insister sur de telles vérités. Nous savons que deux et deux font quatre.

Dr Sérénus. — J'insiste sur des phénomènes que vous ignorez pour vous être trop fié à leur apparente simplicité.

D'Antan. — Je vous écoute avec courage.

Dr Sérénus. — Maintenant il me reste à vous faire remarquer que le mécanisme de l'offre et de la demande tel que nous venons de l'observer, agissait librement parce que je supposais les vendeurs et les acheteurs mis en présence, sans que les prix des produits offerts soient augmentés par des droits de douane.

D'Antan. — Où voulez-vous en venir ? Les droits de douane ne changent en rien la loi de l'offre et de la demande.

Dr Sérénus. — Vous allez comprendre qu'ils la faussent complètement.

D'Antan. — Ah ! par exemple, vous avez de l'aplomb.

Dr Sérénus. — J'analyse simplement les faits dans leur stricte réalité. Je disais que les prix augmentent et diminuent avec leur demande. Il faut donc pour éviter la baisse qu'elle soit toujours supérieure à l'offre. Voici le point important où réside tout l'intérêt de cette production qui vous intéresse tant.

D'Antan. — D'accord. Et puis ?

Dr Sérénus. — Quel est le phénomène dont l'augmentation de la demande dépend ? Vous admettrez qu'elle est la simple conséquence du désir de l'acheteur. Ce personnage est animé par le désir et par la volonté de le satisfaire. Pour y parvenir il ne choisira certainement pas entre deux objets de même qualité le plus cher.

D'Antan. — Grâce de naïveté.

Dr Sérénus. — Mais, c'est vous, le protectionniste, qui forcez le consommateur à payer une utilité plus cher.

D'Antan. — Je vous ai dit qu'il s'agit de défendre la production et le travail national.

Dr Sérénus. — Il me reste à vous démontrer que vous leur portez un préjudice considérable.

D'Antan. — Je vous en prie, cessez de mettre ma patience à de si rudes épreuves.

Dr Sérénus. — Non pas. Il faut que vous me compreniez.

D'Antan. — Décidément la patience est la fille de l'amitié.

Dr Sérénus. — Vous vous inclinez devant un fait évident : l'élévation des prix avec l'intensité de la demande. Cherchez d'où elle provient. Sans nul doute, du contentement des acheteurs. Leur propre satisfaction maintient la demande et avec elle les prix. Il faut cependant que le contentement persiste. Or, tant que l'élévation des prix provient de la demande, cela signifie que les acheteurs satisfaits d'un objet, continuent de l'acheter malgré son augmentation de prix. Ils sont les seuls juges, étant libres d'estimer si la valeur de l'utilité correspond au service attendu. C'est ainsi que les prix dépassant une certaine limite, la demande s'arrête; ils baisssent un moment, puis remontent ensuite lorsque l'action de la demande se fait de nouveau sentir. Quant aux producteurs, il leur appartient de régler leur offre suivant l'intensité de la demande, de manière à ne jamais exagérer l'offre. Eh ! bien, mon ami, les droits de douane empêchent complètement l'action de la demande, puisqu'ils obligent les consommateurs à acheter un objet à partir d'un certain prix. Le contentement de l'acheteur qui stimule l'action de la demande, est donc négligé; par suite l'action libre de la demande est brisée.

D'Antan. — L''intérêt seul des producteurs importe. Sans les droits de douane, la demande des produits s'adresserait à l'étranger. Vous oubliez constamment l'intérêt national.

Dr Sérénus. — Je ne m'occupe que de la richesse générale parce que l'intérêt du pays est sa conséquence directe. Les faits me prouvent que la richesse est en partie l'effet de la satisfaction des consommateurs. En vous occupant uniquement de l'intérêt des producteurs, vous oubliez la cause de leur prospérité : la demande. Croyez-vous que si nos grands couturiers parisiens n'avaient pas l'adresse de satisfaire les désirs féminins, ils auraient la clientèle du monde ? Le contentement assuré des riches étrangères attire la demande qui vient assurer la prospérité d'un commerce parisien. Vous souriez, ami, de me voir tant insister sur ce mot demande. Il le faut, car il fait bien comprendre la cause de l'activité productrice. Si l'homme demande un produit, c'est qu'il a la faculté de le payer. Laissez agir la demande et vous augmenterez le pouvoir d'achat. Or, la richesse d'un pays dépend du pouvoir d'achat de ses habitants. L'intérêt des producteurs dépend également du pouvoir d'achat des consommateurs. Le protectionnisme diminue le pouvoir d'achat d'une quantité égale au montant du droit de douane. Voici pourquoi ce système est une anomalie économique.

D'Antan. — Le protectionnisme vise à maintenir ce pouvoir d'achat puisque les droits de douane obligent les consommateurs à acheter les produits nationaux. Ils augmentent les prix. Soit. Mais, en revanche, ils obligent le pouvoir d'achat à agir dans l'intérêt du pays. Ils empêchent l'argent national d'aller enrichir l'étranger.

Dr Sérénus. — Ah oui ! Ne serai-je pas en droit de vous retourner l'épithète de naïf. Vous prenez la monnaie pour un capital. Vous revenez à la classique théorie de la balance du commerce. Vous êtes persuadé qu'un pays doit exporter plus qu'il n'importe. L'exportation fait entrer de la monnaie, l'importation en fait sortir. Il faut donc que le chiffre d'exportation dépasse celui des importations pour que la balance soit favorable au pays.

D'Antan. — Voici une vérité économique. Que pouvez-vous y objecter ?

Dr Sérénus. — Simplement que cette théorie est une colossale erreur économique... La monnaie n'est pas un capital.

D'Antan. — Mais qu'est-elle donc ?

Dr Sérénus. — Elle est simplement l'instrument qui facilite les échanges. Il ne sert à rien de s'entêter à empêcher la monnaie de sortir d'un pays. Il faut au contraire faciliter les échanges parce que la prospérité d'une nation est liée à leur activité. Vous avez dit tout à l'heure que l'homme avait des besoins vitaux. Pourquoi donc oubliez-vous que la voie des échanges permet de les satisfaire rapidement. Les échanges ne sont-ils pas nécessités par l'intensité des besoins des consommateurs : voici pourquoi j'ai insisté sur la demande. Il est impossible de nier son action sur les prix. C'est elle qui vivifie la production.

C'est elle qu'il ne faut pas entraver, et c'est elle que le protectionnisme entrave.

D'Antan. — Evidemment... Il est seulement indispensable d'obliger la demande à se diriger sur les produits nationaux.

Dr Sérénus. — Je vous ai déjà démontré comment les droits de douane diminuent le plus souvent l'action de la demande par l'élévation artificielle des prix. Il me reste à vous prouver qu'ils lui nuisent d'une autre façon.

D'Antan. — Comment cela ?

Dr Sérénus. — Par l'action réciproque des droits de douane.

D'Antan. — Je ne vous comprends plus.

***

Dr Sérénus. — Lorsqu'un pays établit des droits de douane sur un produit, l'étranger agit de la même façon. Chaque pays a sa spécialité parce que les climats et les aptitudes des hommes ne se ressemblent pas. Les nations diverses offrent leurs produits réciproques et se les demandent mutuellement. Pourtant ils établissent à leurs frontières, chacun de leur côté, des droits de douane sur les produits que leurs nationaux réclament. Il en résulte que chaque spécialité de chaque pays est moins demandée parce qu'elle est trop chère, et que le produit national se vend moins à l'étranger parce qu'il se heurte contre un droit de douane. Je ne puis voir ici de réel encouragement à la production nationale, puisque la protection empêche les produits nationaux de se vendre à l'étranger, puisqu'elle restreint par conséquent leurs débouchés. Il est donc impossible de ne pas constater que les droits de douane établis entre chaque pays qui réclament leurs produits réciproques, nuisent à l'échange, parce qu'ils diminuent la demande. On essaie de remédier à cet inconvénient par les traités de commerce ; mais ils sont des remèdes passagers à un mal qui provient d'une erreur économique trop grave. Il est évident que le protectionnisme restreint les échanges. Cependant, c'est l'augmentation de la surface des échanges qui est indispensable à l'activité de la production. Voici pourquoi le protectionnisme n'a pas sa raison d'être au point de vue économique.

D'Antan. — Vous ne voulez voir que l'intérêt du capital. Vous êtes plus réactionnaire qu'un député d'extrême droite !

Dr Sérénus. — Pas si vite ! Le libre échange ne songe pas à favoriser le capital. Il pose en principe son influence salutaire en tant qu'agent de production ; mais il le laisse ensuite en face de la concurrence qui, mieux que l'Etat, est à même de veiller à l'intérêt des consommateurs, c'est-à-dire à l'intérêt du peuple.

D'Antan. — Comment cela ?

Dr Sérénus. — Lorsque plusieurs industries se font concurrence, elles ne poursuivent qu'un seul but, celui de contenter les consommateurs. Ces derniers s'adressent toujours à l'industrie qui satisfait leurs besoins ; celles qui ne peuvent y parvenir, périclitent et meurent. Vous le voyez, la concurrence stimule la production et garantit l'intérêt des consommateurs parce qu'elle empêche l'élévation artificielle des prix. Sous un régime de libre concurrence les anathèmes portés par les socialistes contre le régime capitaliste n'auraient aucune raison. Sous le régime protectionniste, ils sont justes, parce qu'ici le capital est uniquement protégé aux dépens du peuple.

D'Antan. — Voyons ! Vous êtes insensé ! L'intérêt des salariés est intimement lié à celui des capitaux. La concurrence qui ruine les industries engendre le chômage. La concurrence engendre la misère du peuple.

Dr Sérénus. — Les producteurs se font concurrence entre eux pour satisfaire dans les meilleures conditions les besoins de la consommation. Sous un régime de concurrence libre les entreprises bien dirigées pourraient seules résister.

D'Antan. — En attendant, les ouvriers employés dans les entreprises malheureuses resteraient sans travail. Je le répète, vous ne songez qu'au capital.

Dr Sérénus. — Le travail est une marchandise, agent de production comme le capital. Sous un régime de libre concurrence le travail s'organiserait rationnellement et se déplacerait selon la demande de ses emplois, exactement comme un produit quelconque, comme une utilité quelconque. Ce régime de liberté entraînerait nécessairement l'action des associations libres de même intérêt. L'association libre est appelée à transformer complètement la société. En ce qui concerne les intérêts des salariés, les syndicats reliés entre eux pourraient sans aucun doute remédier à la situation périlleuse du prolétariat en face de la concurrence. Mais n'oubliez pas qu'il ne suffit pas que les salaires soient assurés. Encore faut-il que les ouvriers puissent se procurer les denrées de première nécessité. Le libre échange qui rabaisserait le prix de la vie au taux fixé par le désir humain permettrait aux ouvriers de supporter moins péniblement les périodes de crise.

D'Antan. — Les crises sont l'effet de la surproduction. Voici ce que vous ne voyez pas. Les grands maux de notre temps viennent de là. On produit trop, justement parce que les producteurs s'entêtent à obéir aveuglément aux désirs de la consommation. La richesse du pays vient de la production à la condition qu'elle soit réglée. Plus que jamais une intervention légale est indispensable. Ce qui occasionne les crises, c'est la vente au dessous du prix de revient, la vente à perte qui vient de la surproduction. Il faut rétablir l'équilibre entre la production et la consommation. Une réglementation méthodique de la production est absolument nécessaire. L'intervention de l'Etat est donc indispensable. Je parle, bien entendu, d'un Etat capable de protéger les intérêts du pays et non d'une République soucieuse seulement des intérêts des partis politiques.

Dr Sérénus. — La réglementation dont vous parlez

existait au Moyen-Age. A cette époque, les moyens de communications étaient précaires ; les surfaces des échanges étant limitées, l'équilibre dont vous parlez était possible. La civilisation en était encore à l'époque de la petite industrie. Les machines n'existant pas, les industries encore primitives n'étaient pas obligées de produire beaucoup pour couvrir leurs frais généraux. Les besoins humains étaient encore minimes en comparaison de ceux de nos jours. Consommation et production étaient peu de chose si nous les comparons à celles de notre temps. Nous vivons à l'époque de la grande industrie. Les industriels sont obligés de mettre sur les marchés une certaine quantité de produits pour couvrir leurs frais. Il faut avant tout des débouchés aux producteurs de nos jours. L'intérêt de la production, autant que celui de la consommation, est donc bien le résultat de l'activité des échanges. Le protectionnisme nuit directement à cette activité parce qu'il encourage artificiellement l'offre alors qu'il est si nécessaire de laisser la demande le stimuler librement. Il ne saurait y avoir d'équilibre entre la production et la consommation, ce serait la stagnation du progrès en attendant le recul général.

Il appartient au producteur de surveiller les besoins de la consommation. Il appartient à l'offre de se régler sur la demande. L'Etat est absolument incompétent dans cette matière. Son intervention nuit constamment à l'intérêt général parce qu'elle dresse des obstacles devant les échanges.

D'Antan. — Vous voici en pleine orthodoxie. Il y

a beau temps que les théories des économistes orthodoxes sont abandonnées. L'Angleterre elle-même renoncera bientôt au libre échange. On ne comptera plus un seul pays libre-échangiste sur le globe.

Dr Sérénus. — Il est vraiment amusant d'entendre journellement les protectionnistes traiter les libres échangistes d'orthodoxes. Le protectionnisme est une théorie aussi bien que le libre échange ; l'une s'attaque à la liberté et pose en principe le pouvoir de l'Etat ; l'autre défend la liberté et pose en principe l'initiative. Je n'ai jamais compris ce mot « orthodoxe » constamment réservé aux économistes libéraux. La théorie protectionniste remonte aux époques les plus reculées ; la théorie libre échangiste est toute moderne : elle est le résultat des observations méthodiques à partir de l'époque de la grande industrie. Le protectionnisme est un reste du Moyen Age. Le libre échange résulte de l'adaptation de notre pensée à notre temps. Il me semble que ce mot orthodoxe conviendrait plutôt à l'esprit moyennageux des protectionnistes.

D'Antan. — Tout ce que vous voudrez. Mais, en attendant, presque tous les pays sont protectionnistes.

Dr Sérénus. — Hélas ! oui, cher ami. Ils possèdent cette très navrante tournure d'esprit, parce qu'ils sont imbus de l'esprit politique. Vous l'avez démontré vous-même. Le protectionnisme n'a sa raison d'être, au fond, qu'en tant que système politique. Et puis, les Etats ont des besoins considérables d'argent avec leurs armements et leurs entreprises inultiples. La politique moderne a fait de plus en plus de l'Etat un industriel, un éducateur, un moralisateur. Le fonctionnarisme et le militarisme coûtent cher. Les impôts ordinaires ne suffisent plus à couvrir de tels frais. Il faut un impôt supplémentaire, un impôt occulte que les contribuables paient docilement et qui retombe lourdement sur eux par l'augmentation du prix de la vie. — Mais ceci est une autre question. Ne venez plus me dire ici qu'il s'agit d'encourager la production nationale. Ne venez plus me dire qu'il faut à la France un protectionnisme général pour la guérir de son état maladif Si vous ajoutez que la monarchie est la forme de gouverment le plus apte à assurer le protectionnisme général, demandez-vous si vous ne prononcez pas ainsi sa définitive condamnation.

D'Antan. — Pourquoi cela ?

Dr Sérénus. — Parce qu'une protection générale plus accentuée sera la fin de la France. L'initiative est à un pays ce que les globules du sang sont à notre corps. L'initiative est étouffée par le protectionnisme. Vous parlez d'état maladif. Oui, certes, mon ami, la France est malade. Un microbe la ronge : la foi dans l'Etat. Les français ne cessent de recourir au grand souverain. Cette maladie a été inoculée à la France et au monde par notre ancien régime et, c'est d'elle dont souffre notre République. Parlez-nous de régénérer la France par l'école de la liberté et de l'initiative, et non par celle de l'anémie, celle de l'école déprimante du protectionnisme. Je l'avoue, je préfère la débâcle de l'anarchie par la révolution sociale à cette mort à petit feu.

5

*
* *

D'Antan. — Nous y voilà. Je l'avais dit, le Dr Sérénus est le maître du destructeur Derouge. Attendez; une question encore. Comment pouvez-vous aller jusqu'à dire que le protectionnisme organise des crises. Sa raison d'être est au contraire de les éviter.

Dr Sérénus. — Le libre échange n'a pas la prétention d'éviter les crises. Il demande seulement que l'on renonce à un système politique pour adopter un système économique. Le protectionnisme crée des crises. Le libre échange laisserait seulement sévir celles qui sont la conséquence du progrès. Les inventions nouvelles sont souvent la cause de ruines. La prudence des industriels est le seul remède. L'épargne est aussi le bon génie d'une entreprise. Elle peut lui permettre de supporter une mauvaise période. Quant à la surproduction, le libre échange rendant impossible la concurrence inutile entre producteurs, elle ne pourrait se produire.

D'Antan. — Je ne comprends plus du tout. La protection a pour but de prévenir les maux engendrés par la surproduction nationale et par la concurrence étrangère.

Dr Sérénus. — Les encouragements que les droits de douane donnent à la production en fixant un prix de vente, et les primes à l'exportation qui lui assurent un bénéfice net ont pour résultat immédiat d'amener la surproduction.

D'Antan. — Comment cela ?

Dr Sérénus. — Ces mesures attirent l'esprit d'entreprise d'un trop grand nombre d'industriels qui se ruent sur la même industrie dans l'espoir d'un bénéfice certain. Le marché national est bien vite encombré et les prix baissent parce que l'offre dépasse la demande. Ces industriels se tournent alors vers l'Etat qui leur accorde des primes à l'exportation afin de débarrasser le marché. Il arrive cependant un moment où l'Etat, devant des besoins pressants d'argent, est obligé de supprimer des primes trop coûteuses. C'est alors que des industries qui avaient été encouragées par des droits de douane, et soutenues par les primes, périclitent et meurent. Elles sont victimes de la surproduction, mais d'une surproduction qui est l'effet inévitable du protectionnisme. Le mal ne se produirait pas sous un régime de libre échange parce que les producteurs, ne comptant plus sur l'Etat, seraient obligés de surveiller constamment l'action de la demande et les besoins de la consommation. L'appât d'un bénéfice assuré par l'Etat étant supprimé, ils ne se lanceraient plus à l'aveuglette dans des entreprises artificiellement encouragées.

D'Antan. — Vous persistez à vous occuper uniquement des capitaux et de leur circulation. Vous ne voulez pas comprendre la nécessité de protéger le travail national contre l'étranger. Ne vaut-il pas mieux que la vie soit un peu plus chère et que les salariés vivent. Les travailleurs d'un pays veulent vivre et travailler sur le sol natal. Il faut se préoccuper de l'homme avant de songer au capital. La production est faite pour l'homme et non l'homme pour la production.

Dr Sérénus. — C'est précisément à l'homme que je songe en me préoccupant constamment des intérêts du consommateur. Les libre échangistes tiennent compte avant tout des besoins humains ! Voici pourquoi ils trouvent une erreur d'augmenter le prix de la vie ; ils tiennent également compte des intérêts du producteur ! Voici pourquoi ils rappellent que les prix des utilités dont la production ne peut se passer ne doivent pas être élevés par les droits de douane.

D'Antan. — Expliquez-nous cette dernière parole.

Dr Sérénus. — Vous savez aussi bien que moi que les industriels sont obligés de se servir de matières premières pour la fabrication de leurs produits. La plupart du temps ils sont forcés de les faire venir de l'étranger. Eh bien, les droits dedouane, élevant les prix de ces matières premières, grèvent la production nationale du montant de leur prix de revient. A cause de ce nouvel impôt dissimulé, les industries sont obligées de vendre leurs produits plus cher et, par suite, d'en vendre moins. Le protectionnisme fait ainsi peser sur la consommation un impôt général et occulte sous deux formes : premièrement par l'augmentation générale du prix de la vie causé tant par les droits de douane à l'importation que par les primes à l'exportation ; secondement par l'augmentation du prix des matières premières qui élève d'autant celui des produits, et vient encore élever les prix des choses.

D'Antan. — Il faut voir l'intérêt de l'ensemble du

pays. Si le protectionnisme nuit à quelques industries, il favorise les plus importantes, il favorise surtout la plus importante de toutes, la source de la richesse de la France, l'agriculture. La France pourrait certainement arriver à vivre sur elle-même si les intérêts de l'agriculture étaient mieux défendus. Un retour à la terre est indispensable. On ne peut songer à cette question si captivante sans être plus que jamais frappé de la valeur des nouvelles idées monarchistes. Les sollicitudes de l'Etat sont indispensables à l'agriculture nationale. Il faudrait encourager l'action des syndicats agricoles. La volonté, la suite dans les idées d'un maître secondé par des conseillers compétents, serait ici plus qu'ailleurs, absolument indispensable. C'est une question de vie ou de mort pour le pays.

Dr Sérénus. — Je m'amuse souvent d'entendre les protectionnistes prôner sans répit les idées d'association tout en jetant des anathèmes contre les libres échangistes. Cependant, ces économistes libéraux ne cessèrent d'opposer l'idée d'association libre à l'idée d'intervention légale. Mais rassurez-vous, je n'aborderai pas ce sujet, nous irions trop loin, je me contente de vous signaler que l'intérêt de l'agriculture est le même que celui de l'industrie. A notre époque. l'agriculture devient de plus en plus une industrie. L'agriculteur produit. Comme tel, son intérêt est lié à celui de la consommation. Je reconnais toutefois que le libre échange rencontre ici une difficulté insurmontable pour le moment. Faire comprendre aux paysans enracinés sur le sol natal l'essor prodigieux que le régime du libre échange donnerait à la richesse générale d'un pays, ne serait pas chose aisée. Cet obstacle sera vaincu cependant le jour où l'agriculture aura pris une forme industrielle. En attendant, il est facile de faire croire aux paysans que le libre échange les ruinerait et que le protectionnisme les enrichit. Les protectionnistes leur cachent soigneusement que la vente du blé et du bétail à des prix élevés ne compense pas l'augmentation du prix de la vie qu'elle occasionne. Le protectionnisme montre le gain, mais il cache l'impôt occulte qui surpasse le gain. Il donne d'une main, mais il prend plus de l'autre. Il n'y a pas de doute, la balance entre le libre-échange et la protection se chiffrerait par une perte du côté du pays protectionniste.

D'Antan. — Les avantages du protectionnisme qui encourage et protège la branche la plus importante de la production, l'agriculture, ne sont pas discutables. L'agriculture représente les intérêts du plus grand nombre.

Dr Sérénus. — Je clos ici notre discussion en vous renvoyant aux travaux du courageux champion des idées libre-échangistes en France : M. Yves Guyot. Mettez ses ouvrages en regard de ceux de M. Méline, et jugez en face de votre conscience.

D'Antan. — Passons... Ainsi donc, vous, le sage, vous voulez bouleverser toute la société avec M. Yves Guyot.

Dr Sérénus. — Je me contente de soutenir avec lui que « le libre échange représentant l'économie de l'effort dans la production est le plus puissant facteur d'expansion économique ». Vous m'avez obligé à insister sur les maux du protectionnisme parce que toutes vos idées morales, politiques et sociales viennent de la foi dans l'intervention de l'Etat partout et toujours. Je crois fermement que l'observation des conséquences du protectionnisme fait comprendre que les interventions de l'Etat doivent être canalisées. Je veux dire qu'il a un rôle à remplir, un rôle d'ordre,... oui... je dirai plus, de discipline et tout spécialement de police. Je ne parle pas du rôle de défense nationale qui lui incombe forcément à notre degré de civilisation relative. Vous me dites anarchiste. En tout cas, je suis un anarchiste qui respecte l'armée parce qu'il reconnait son utilité. L'étude des phénomènes économiques fait ressortir les fonctions de l'Etat. Il ne saurait être question de le supprimer ! il s'agit de limiter et de fixer ses véritables attributions. Agir ainsi, ce serait le fortifier en lui donnant sa spécialité naturelle. Le système protectionniste qui augmente au contraire à tout propos les attributions de l'Etat l'affaiblit progressivement.

D'Antan. — Et comment ?

Dr Sérénus. — Ces attributions multiples et croissantes tiraillant l'Etat de tous côtés, l'amoindrissent sans cesse. Vous avancez la nécessité de la protection générale dans le but de sauver le pays, et vous ne vous apercevez pas que la France est malade par l'excès de protection. Vous parlez d'intérêt national, et vous le sacrifiez à un groupe de privilégiés. Vous avancez la défense du travail national, et vous faites peser sur le peuple le plus lourd des impôts, celui de l'élévation du prix des denrées de première nécessité. Je vous l'ai dit, vous donnez d'une main pour retirer le double de l'autre. Vos procédés vont à l'encontre des faits. Vous n'agissez que par artifice. Vous parlez dans l'intérêt de la richesse générale, et vous diminuez le pouvoir d'achat qui l'augmente.

D'Antan. — Etablir le libre échange, c'est faire la révolution sociale.

Dr Sérénus. — Ce serait simplement rétablir l'ordre naturel.

Pourtant, il n'est jamais venu à l'idée des économistes de demander une application radicale et immédiate du libre échange. Ils veulent procéder par évolution et non par révolution. Il faut tenir compte, hélas, des préjugés et des habitudes ; et puis, après tout, les hommes d'Etat de jadis n'ont-ils pas lancé la civilisation dans une fausse route. Il faut du temps à l'homme perdu pour retrouver la bonne direction. Les pouvoirs législatifs, judiciaires, exécutifs, sont pour vous trois applications du principe d'autorité Cette idée vous conduit à tout faire dépendre, les hommes comme les choses, du gouvernement. Telle est l'erreur de la conception politique des sociétés. Les réalités économiques en forment une autre ; cette conception néglige de séparer trois pouvoirs qui ne sont pas séparables, étant donné qu'ils ne sauraient être fondus, puisqu'ils sont d'essence différente bien que tendant vers un même but ; elle oblige alors à les classer non pas comme pouvoirs absolus, mais comme nécessités d'ordre. D'ailleurs, ce n'est pas l'autorité qui fait l'ordre, mais bien l'ordre qui crée l'autorité. En un mot, des siècles de monarchie ont préparé l'Etatisme, forme dernière du principe d'autorité. Or, ce principe n'a pas sa raison en économie. La foi dans les interventions de l'Etat est une erreur nuisible profondément enracinée dans l'esprit moderne. Elle ne s'enlèvera pas en un jour. Les économistes montrent un horizon lumineux de liberté et de richesse dont ils voudraient voir les nations se rapprocher au lieu de s'en éloigner. Ils désirent que les intelligences des hommes s'harmonisent avec leurs moyens de production. Ils ne sauraient trop répéter avec M. de Molinari que : « l'Etat a pour devoir de maintenir le milieu libre ».

D'Antan. — Je n'en puis plus. C'en est trop ! Je soutiens que l'Etat a pour devoir de maintenir le milieu soumis aux traditions d'ordre sous l'autorité d'un maître intéressé. De nos jours, plus qu'à aucune autre époque de l'histoire, les nations sont obligées de s'appuyer sur des armées fortes. Une armée solide fait le prestige d'un pays. L'influence qu'une nation peut avoir sur des peuples moins civilisés en dépend. Ses intérêts économiques en découlent. Un pays s'assure des débouchés par le prestige de sa puissance militaire. Ce sera la gloire de l'empereur Guillaume II d'avoir su appliquer ce principe fondamental. Il a donné à l'Allemagne une flotte, il a augmenté la puissance de son armée. Tous les pays s'armant de plus en plus, cherchent à s'appuyer sur de solides gouvernements tandis que la France de M. Combes se décompose.

Dr Sérénus. — La France de M. Poincaré s'est redressée fière et calme. Les faits démentent votre pessimisme. En ce qui concerne la diminution des armements, la France était prête à donner le signal de la raison. Mais, devant la ligne de conduite insensée de l'Allemagne, elle a jugé nécessaire de prendre des mesures de précaution. Notre pays ne se laisse pas guider en ce moment par un chauvinisme stupide, mais par un simple sentiment de solidarité nationale, de prudence et de sagesse. Le bon sens, dans les moments critiques, sait mieux guider la France que les partis politiques.

D'Antan. — Ne vous fiez pas à un rayon de soleil passager. M. Jaurès et les siens savent bien que la République leur rendra la France. Les loups attendent patiemment le sommeil du berger. — Nous sommes en pleine recrudescence de nationalisme ! la France s'est réveillée comme les autres pays. L'Europe sait qu'un péril la menace. Elle sait qu'une conflagration générale est fatale à cause des rivalités de l'Allemagne et de l'Angleterre, de l'Autriche et de la Russie. Eh ! bien, à ce moment de recrudescence de nationalisme partout, vous parlez de libre échange ! Vous êtes invraisemblable !

Dr Sérénus. — Je ne crois pas être invraisemblable en vous démontrant que la richesse d'un pays est le point le plus important. Je crois être vraisemblable, en signalant l'urgence pour les hommes d'Etat de nos gouvernements modernes d'abandonner la foi antique dans la politique de protection pour une orientation nouvelle fixée par l'intelligence des nécessités économiques. Je sais aussi bien que vous qu'il est impossible d'établir subitement un régime de libre échange, mais je crois fermement qu'il serait indispensable et prudent de s'y acheminer.

***

D'Antan. — Et pourquoi, prudent, mon Dieu !

Dr Sérénus. — Le protectionnisme favorise les intérêts de quelques capitalistes. De toute façon, ce système protège ouvertement le capital. Il est juste que dans nos démocraties les agitateurs des masses refusent de reconnaître à la classe capitaliste le droit de recourir à l'Etat pour s'enrichir aux dépens du peuple. Ce sentiment fort légitime a été l'origine du socialisme. Aujourd'hui, l'Etat se trouve tiraillé par deux groupes aussi avides. Les réactionnaires protectionnistes d'un côté, les socialistes de l'autre. Dans cette lutte, l'Etat que vous voulez si fort sera fatalement déchiré. Alors sonnera l'heure de la révolution ! Que vous serviront, ce jour-là, vos idées de gouvernement appuyées sur l'autorité d'un prince du sang. Les impôts toujours croissants amèneront fatalement la débacle des finances. A ce moment critique, les armées colossales ne sauront empêcher d'éclater l'orage qui gronde déjà dans l'horizon. Les nations rivalisent de coquetterie avec leurs belles armures. Elles ne s'aperçoivent pas qu'elles se ruinent comme ces femmes trop élégantes qui veulent humilier une rivale avec leur somptueuse toilette. Allez, mon ami, les forces des armements formidables deviennent bien la faiblesse des gouvernements modernes si l'on devine ce qu'elles nous préparent pour l'avenir !

D'Antan. — Vous ne faites que confirmer mes croyances. La poigne d'un maître pourrait seule arrêter la dévastation qui nous menace.

Dr Sérénus. — Le système protectionniste a habitué les peuples à croire que l'Etat est une source intarissable de richesses. Dans tous les pays, les revendications des masses se font entendre chaque année toujours plus sonores. En France, le maître dont vous parlez servirait peut-être de cible aux balles du peuple mécontent. Dans notre République, la révolution ne peut éclater faute de cible. La République est une assurance contre les révolutions, justement parce qu'elle n'a pas de maître. Elle est aussi une assurance contre la guerre parce que personne n'ose prendre la responsabilité d'un tel saut dans l'inconnu.

D'Antan. — Vous êtes pacifiste. Ceci ne m'étonne nullement.

Dr Sérénus. — Si les guerres ont été inévitables pour la formation des nations, elles sont devenues inutiles entre les grandes puissances européennes. Une nation forte n'a plus aucun intérêt à la guerre.

Les intérêts économiques priment tout. Une armée lui est nécessaire pour la défense de son territoire, et non pour la conquête. Elle lui est indispensable pour la discipline et l'ordre intérieur. En ce sens je suis militariste. Mais si vous me parlez d'impérialisme, je vous abandonne. Je vous devine partisan de la guerre. Vous devez penser qu'elle est nécessaire pour retremper le patriotisme après de longues périodes de paix. Je vous répondrai que je ne suis pas partisan de ces sortes de bains régénérateurs au milieu des atrocités qui réveillent les instincts barbares de l'humanité. Nous connaissons les rengaines de l'esprit guerrier. Faites-nous en grâce. Je termine mon apologie du libre échange en vous faisant remarquer que l'erreur lamentable du protectionnisme consiste à remplacer le bien de l'individu par la volonté du gouvernement.

D'Antan. — Et moi, j'affirme que dans cet aveu, les protectionnistes parlent au nom du bon sens.

Derouge. — Au nom du plus évident des égoïsmes.

D'Antan. — Il vous parle. Nous allons entendre le disciple du docteur Sérénus.

***

Derouge. — Je ne m'entends pas avec le docteur. Je constate que vous êtes absolument d'accord sur un point.

D'Antan. — Allons, bon, me rapprocher du docteur c'est... dur.

Derouge. — Oui ou non êtes-vous partisans tous deux du droit de la propriété d'un capital ?

D'Antan. — C'est comme si vous me demandiez si vous constatez que cette lampe nous éclaire.

Derouge. — Alors, mon vieux guerrier, il me suffit de contrôler votre entente pour jeter vos théories économiques au panier. Vos querelles n'ont aucun intérêt. La société capitaliste et bourgeoise est édifiée sur la base du droit de propriété : je veux la suppression radicale de ce droit au nom de la Justice. La propriété est un vol et non un droit. Il n'y a d'autre droit que celui du travail. Il s'agit donc de démolir la société actuelle. L'économie et la politique m'indiffèrent. Il ne peut être question pour moi que d'exciter le peuple contre le régime capitaliste qui l'opprime. Il s'agit de le faire en lui inculquant le culte de la violence.

Dr Sérénus. — Je connais vos théories par cœur. Les écoles socialistes, attaquant le droit de propriété, affirment que ce droit est un privilège accordé par la loi à une minorité au détriment de la majorité. Les socialistes n'ont jamais compris qu'il n'est pas une création légale. Le droit de propriété est antérieur aux législations. Il était un fait et un droit naturel bien antérieur à la loi. Les attributions légales doivent se borner à le garantir. Mais garantir ne veut pas dire favoriser. Voici pourquoi la protection qui favorise quelques capitalistes porte une atteinte au droit de propriété dans son ensemble. Il faut y reconnaître une consécration légale de la liberté de l'emploi des facultés humaines. Priver l'homme de ses facultés, c'est le tuer; lui enlever le produit de ses facultés, c'est le faire dépérir. Les théories subversives des écrivains socialistes qui s'attaquent au droit de propriété sont morbides.

Derouge. — Je vous arrête. Ce n'est pas à la propriété qu'il faut songer pour comprendre l illégitimité de son droit, c'est à l'idée de valeur. Il n'y a pas d'autre propriété que celle des valeurs. Eh ! bien, la valeur d'un objet provient uniquement de l'effort qu'il a donné à produire, c'est-à-dire du travail. Dans notre civilisation bourgeoise, ce n'est pas le travailleur qui est propriétaire, c'est l'oisif, le rentier, ce parasite que le travailleur doit nourrir au prix de ses souffrances quotidiennes.

Dr Sérénus. — Je vous arrête à mon tour. Que diriez-vous si un nihiliste de la nouvelle école se mettait à creuser un trou pendant 24 heures place de la Concorde pour hurler ensuite qu'il crée de la valeur et que l'Etat doit le payer.

Derouge. — Je le croirais aussi malade que vous.

Dr Sérénus. — Il aurait cependant travaillé pendant 24 heures. Voilà où peut conduire la notion fausse de la valeur. Je me garderai d'exposer et de discuter les nombreuses théories sur la valeur, je me contente de vous faire remarquer que votre erreur provient de ce que vous tenez compte seulement de l'un de ses éléments, l'effort. Vous laissez de côté l'utilité, la rareté aussi. Un objet peut être utile, et par suite avoir de la valeur sans avoir coûté beaucoup d'effort C'est donc au sens de l'utilité qu'il faut ramener celui de la valeur. Les agents de production que nous appelons capitaux représentent autant d'effort moral et intellectuel que de travail musculaire. Ils sont des valeurs parce qu'ils rendent des services; ils sont pratiquement utiles, parce que maniés par des hommes entreprenants qui les font librement fructifier. Le droit de propriété est la consécration de l'appropriation d'un agent de production par celui qui a eu l'intelligence de le mettre en valeur. Supprimer le droit de propriété, c'est anéantir les facultés inventives de l'homme. C'est tarir la civilisation à sa source.

Derouge. — Vous devriez dire une source empestée pour laisser couler une source limpide. Dans nos civilisations misérables, le peuple souffre. Il souffre du droit de propriété qui est la consécration légale d'un privilège qui opprime la majorité des travailleurs. Nous voulons supprimer l'Etat, gardien du droit de propriété, afin de pouvoir expulser les capitalistes du domaine de la production.

Dr Sérénus. — Et puis ?

Derouge. — Ensuite les anciens salariés reprendront leur place dans le nouvel atelier de la production.

Dr Sérénus. — Qu'entendez-vous par là ?

Derouge. — La société future se formera sur le principe des associations de même production. Elle deviendra de la sorte un immense atelier dont les syndicats seront les divisions puisqu'ils représenteront les divers genres de production. Le droit de propriété sera transféré de l'individu aux différents groupes d'association. Chaque syndicat assurera la subsistance de ses divers membres par des bons de travail : grâce à l'échange ils se procureront les utilités produites par les autres syndicats. Par la suppression du droit individuel de propriété les capitaux appartiendront aux syndicats. L'Etat bourgeois n'ayant plus sa raison d'être, les syndicats maîtres de la production règleront leurs rapports d'autant plus facilement qu'ils dépendront les uns des autres. Ils sauront éviter les dangers de la concurrence. Les citoyens seront tous des ouvriers, mais travaillant moins, ils auront le temps de s'instruire. Le travail manuel pour tous remplacera les sports stupides de nos bourgeois. Les sages et grands penseurs de l'antiquité ne se livraient-ils pas aux travaux manuels les plus durs ? Dans leurs rapports mutuels, les syndicats pourront établir des législations justes adaptées à la forme nouvelle des sociétés. La guerre étant désormais impossible, l'idée de patrie disparaîtra et le globe deviendra un immense atelier de production. Le droit de propriété, les religions protectrices des bourgeois, la concurrence étant supprimés, tous les citoyens, travailleurs riches et éclairés, pourront vivre heureux sur le pied de l'égalité et de la fraternité.

Dr Sérénus. — Le moyen de réaliser ce beau rêve ?

Derouge. — Exploiter tout d'abord le sentiment de la peur, terroriser les capitalistes, en leur montrant la puissance croissante du prolétariat. Par la peur, le peuple se fait accorder des concessions toujours nouvelles. — Elle oblige les partis de droite à céder aux partis de gauche dont nous devons exploiter l'hypocrite complaisance. N'avons-nous pas déjà obtenu les retraites ouvrières, les lois sur le règlement du travail, le renvoi des congrégations religieuses ? Nous obtiendrons bientôt l'impôt sur le revenu qui portera un grand coup aux finances. Ces mesures trompent le peuple, mais elles affaiblissent l'Etat. Profitons des idées démocratiques pour faire augmenter indéfiniment ses attributions, et puis il s'écroulera de lui-même.

Dr Sérénus. — Vous ne pouviez parler avec plus de justesse. L'augmentation incessante des attributions de l'Etat doit fatalement être la raison de son impuissance. Vous démontrez ainsi comment le protectionnisme, cause première de l'accroissement de ses fonctions, doit amener sa ruine et préparer la réalisation du programme révolutionnaire.

Derouge. — Ce n'est pas tout. Ne croyez pas que l'Etatisme nous suffise. Il ne comporte qu'une partie de notre programme.

D'Antan. — Nous attendons l'autre partie.

Derouge. — Elle est la plus importante. Nous autres, syndicalistes révolutionnaires, nous résolvons simplement la question sociale dans le drame de la grève générale. Il ne peut plus y avoir d'équivoque ni de demi mesures. Comme M. Sorel l'a écrit si justement, « Nous sommes décidés à l'effroyable parce que nous sommes décidés au nécessaire ». Il faut que nous apprenions au peuple que le passage du capitalisme au socialisme doit être une catastrophe épouvantable, mais une catastrophe qui peut seule lui rendre ses droits de vie. L'éducation prolétarienne est à faire. Nos syndicats l'entreprennent avec soin en habituant les salariés à recourir le plus souvent et le plus violemment possible à la grève. Notre programme se réduit ainsi à l'apprentissage révolutionnaire du peuple par ces grèves partielles qui préparent lentement mais sûrement la grève générale devant porter le dernier coup à la société bourgeoise.

D'Antan. — Allons, docteur Sérénus, vous êtes obligé de l'avouer. Ce n'est pas le protectionnisme, mais bien le suffrage universel qui permet aux révolutionnaires d'abuser ainsi le peuple. Le suffrage universel est l'œuvre des libéraux.

Dr Sérénus. — Du libéralisme politique, devriez-vous dire. Celui des économistes ne peut être confondu avec ce système de flatterie populaire. Certains conservateurs de droite ont été, et sont encore de fanatiques libéraux. Le libéralisme politique a fait bien des imprudences dont notre pays souffre et souffrira plus encore dans l'avenir. Les interventions soi-disant humanitaires de l'Etat sont l'œuvre des libéraux politiques. Certes le suffrage universel a été établi trop tôt. Le fond des masses n'était pas et n'est pas encore assez instruit des phénomènes économiques pour accomplir l'acte si grave du vote. Néanmoins, il ne saurait être question de supprimer ce système démocratique. Il est plus sage de songer à le rendre moins dangereux par la représentation proportionnelle.

D'Antan. — Ce ne sont pas les économistes qui empêcheront la révolution. Seule, une guerre Européenne peut éviter la débâcle. En ranimant les énergies des classes dirigeantes elle consolidera la société capitaliste. En réveillant le patriotisme, elle rendra vains les efforts des destructeurs de nos forces sociales.

Dr Sérénus. — Une guerre Européenne mettrait en présence des forces tellement formidables qu'il serait bien téméraire de chercher à en prévoir la durée ou les conséquences sociales. Il est cependant permis de croire que son coût serait si élevé que même les nations victorieuses resteraient longtemps débilitées avant de se remettre de la crise. Au point de vue social, il est à craindre qu'une guerre ne fortifie sensiblement le socialisme d'Etat et l'Etatisme en général. Tel en serait le résultat désolant et certain.

D'Antan. — Le protectionnisme ne présente aucun point commun avec les idées révolutionnaires.

Dr Sérénus. — Pardon : les idées révolutionnaires sont devenues faciles à répandre dans le peuple en exploitant le sentiment de foi dans l'Etat. Les partis réactionnaires qui ont toujours facilité ce culte auront singulièrement favorisé l'œuvre de la révolution sociale.

D'Antan. — Ainsi donc, toute action humanitaire doit être interdite à l'Etat.

Dr Sérénus. — Il faudrait s'entendre sur ce mot vague que nos politiciens ont toujours sur les lèvres. J'estime pour ma part que l'Etat a pour mission d'assurer la police. En outre, un rôle d'assurances générales lui incombe. Toutefois, l'heure n'a pas encore sonné où les groupements individuels devront être assez solidement constitués pour se passer de ses interventions. Sous la forme de prêt, à un taux peu élevé, il pourrait secourir momentanément les entreprises si fécondes des sociétés de secours mutuels, ces associations merveilleuses qui donnent la forme positive de la solidarité économique. Mais, sous aucun prétexte il ne devrait être un distributeur de secours pécuniaires. C'est ainsi que la loi sur les retraites ouvrières est une œuvre néfaste. Elle a substitué l'Etat aux sociétés de secours mutuels, aux sociétés de secours par groupements individuels. Elle a fait sortir l'Etat de son rôle naturel. Qu'il facilite les secours provenant des groupements libres, mais qu'avant tout, il ne se substitue pas à eux.

***

D'Antan. — Vous êtes admirable ! Mais il est absolument téméraire de préciser un rôle absolu aux législations. Leurs attributions doivent varier selon des circonstances impossibles à prévoir, leur rôle est inhérent aux contingences pour parler langage scientifique.

Derouge. — D'Antan se convertira !

Dr Sérénus. — Il est tout à fait surprenant, d'Antan, que les hommes politiques responsables des entraves dressées devant le cours des civilisations ne se rendent pas compte de la nécessité, si pressante pourtant, d'un programme qui serait tracé par le sentiment positif de l'adaptation continuelle de l'homme à ce milieu que son propre génie transforme sans cesse. Effrayé, mon ami, par le danger du désordre, vous voulez coûte que coûte imposer l'ordre par l'application intégrale de l'autorité, que vous exigez faire admettre comme un principe cependant qu'elle n'est qu'un moyen. Vous oubliez surtout que la protection n'est pas l'assurance et que le droit de protection absolue attribué à l'Etat engendre le socialisme et puis le désordre. Votre erreur vient toujours de la négligence des phénomènes économiques, et, par suite, de la subordination de toutes les questions à la question politique. D'ailleurs nos parlementaires s'imaginent resoudre les difficultés en conservant de l'ami d'Antan sa foi dans la puissance organisatrice de l'Etat ; les partis de gauche prétendent seulement réserver ses faveurs au prolétariat. La lutte contre le christianisme est devenue aussi pour quelques-uns le moyen prétendu efficace pour niveler la société afin d'en faire une démocratie radicale où l'élite serait remplacée par une oligarchie de fonctionnaires. Le moindre bon sens fait comprendre ce que la société perdrait à cette lamentable substitution. — D'Antan, vous avez forgé l'Etat ; les libéraux politiques que je qualifie de néfastes philanthropes, ont permis aux partis de gauche, grâce au suffrage universel, de s'en saisir. Il leur sera facile de continuer l'œuvre d'organisation sociale par l'Etat. Mais lorsque les lois de protection sociale seront en vigueur, lorsque la laïcisation de l'instruction sera terminée, quel sera le programme démocrate? Devant le parlement se dresseront, hurlants, les amis de Derouge. Que leur promettront les démocrates? Il n'y aura plus d'Eglise, plus de prêtres, plus de capitaux à frapper. C'est alors que l'Etat forgé par d'Antan et disloqué par les socialistes s'effondrera en miettes sous la pioche de Derouge. Puis, ce sera le découragement général, un appel au passé, la réaction brutale, terrible, et du sang, du sang, du sang... Mais alors, dans ce rapide coup d'œil de l'inévitable évolution politique de nos Etats modernes je ne vois pas une seule tentative de ce libéralisme que vous décriez tous. En effet, seuls ses principes n'auront jamais été appliqués, puisque, je vous le répète, le libéralisme politique, qui, d'Antan a raison de le dire, nous a fait tant de mal, ne présente aucun point de commun, absolument aucun entendez-vous bien, avec le libéralisme raisonné et positif de la science économique, Chez l'un se trouvent tous les inconvénients de l'esprit politique ; chez l'autre se découvrent tous les avantages de l'esprit économique : les confondre, c'est méconnaitre radicalement l'économie générale. — Il semble bien que le désemparement complet de l'opinion provient de ce que la mentalité des hommes n'est pas en rapport avec les conditions matérielles de leur existence. Nous vivons à une époque où les inventions ont transformé totalement les conditions de la vie : il faut donc une façon de la concevoir adaptée à ces conditions nouvelles. J'estime que le libéralisme, qui, loin d'imposer partout la liberté, se contente de donner le moyen d'en appliquer les principes là où ils peuvent donner des résultats, j'estime que le libéralisme qui donne le sens de la liberté, mais en défend la réalisation intégrale, j'estime que le libéralisme peut seul tracer une ligne de conduite conforme aux nécessités de notre temps. Le génie humain dépose chaque jour entre les mains des hommes des instruments de richesses qui souvent se retournent contre les sociétés par les crises qu'ils occasionnent. Il faudrait aux hommes des âmes plus trempées pour affronter de sang froid les difficultés que font surgir chaque jour les progrès même des civilisations. Jadis les premiers hommes avaient à se défendre contre les fauves. De nos jours, il faut qu'ils se défendent contre leur propre génie. Vous me traitez d'utopiste, chers amis. Je réponds que l'utopie moderne consiste dans la foi dans l'Etat et dans la croyance à l'organisation légale des sociétés. Elles s'adapteront aux nécessités nouvelles par le respect de la liberté de l'effort, par la solidarité, c'est-à-dire les groupements de même intérêt, et par le sentiment économique et non politique de l'assurance.

D'Antan. — Qu'entendez-vous par assurance ?

Dr Sérénus. — L'assurance est l'effet du sentiment

sage et réfléchi qui pousse l'homme à conserver intacts les produits de ses efforts. L'assurance est l'effet du sentiment naturel de conservation : l'assurance est le principe conservateur par essence. Le sens de l'épargne, le sens du rôle naturel des législations, la nécessité de la police, la notion positive du rôle de l'Etat dérivent de ce sentiment. Mais si le mot assurance est synonyme du mot conservation, il ne saurait être celui du mot protection. Ce dernier est synonyme du mot faveur. Conserver n'est pas favoriser. Action et conservation, effort et maintien, travail et prospérité, voici la signification d'une morale sociale efficace. Le mot assurance en est la synthèse : il délimite aux législations leur domaine.

D'Antan. — Et quel est ce domaine ?

Dr Sérénus. — Celui qui fixe une intervention morale déterminée par la justice et non par la pitié.

Derouge. — L'aide pécuniaire de l'Etat est une intervention morale.

Dr Sérénus. — Non, car au point de vue économique elle est une assistance, à moins qu'elle ne soit consentie sous forme de prêt.

D'Antan. — Quel juif que votre Etat !

Dr Sérénus. — Avec une conception économique, le respect de la liberté de l'effort se présente bien comme le principe conservateur, celui de la solidarité donne le sens précis des législations, celui de l'assurance fixe définitivement les attributions de l'Etat. Les hommes politiques ont toujours cru que l'Etat doit encourager et protéger,

Les hommes de l'avenir s'apercevront qu'il doit se contenter d'assurer parce qu'il doit maintenir et non favoriser, suivre et non pousser. C'est ainsi que la production par la liberté, la solidarité par la loi consentie, l'assurance et l'ordre par un Etat devenu respectable, sont les principes d'un libéralisme raisonné, capable de tracer aux hommes une ligne de conduite conforme aux exigences modernes. L'humanité ne sait pas ce dont elle souffre, elle ne sait quel programme adopter. Que les hommes politiques rassurent l'opinion, qu'ils cessent de ne songer qu'à l'intérêt de leur parti, qu'ils n'énervent plus la nation par le spectacle odieux de leurs querelles puériles, qu'ils permettent à l'humanité haletante de s'arrêter et de se regarder. Alors la démocratie tant souhaitée se formera tout naturellement par l'action même de l'évolution économique. Voici mes amis, le but qui sera atteint plus sûrement par le libéralisme que par les violences de vos programmes politiques qui, toujours, aboutissent à la réaction brutale. Mais il ne faut pas l'oublier, ce libéralisme est la conséquence logique d'un individualisme philosophique et moral. Ces deux systèmes se tiennent. Pour aller au cœur de notre discussion, il nous faudrait aborder la question morale et, devant elle, juger l'individualisme.

D'Antan. — Ah ! je vous attends bien là.

Derouge. — Je me promets de m'amuser.

Dr Sérénus. — On ne peut étudier les sociétés sans approfondir l'homme, car il faut comprendre ses tendances pour saisir l'évolution des civilisations.

DEUXIÈME PARTIE

Vie intérieure.

QUATRIÈME SOIRÉE

QUESTION MORALE

D'Antan. — J'avoue, mes amis, que, malgré nos dissentiments, je suis bien heureux de vous retrouver. Mon séjour à Paris est un véritable supplice. Le bruit, l'air irrespirable, les automobiles, les autobus, le labyrinthe du métro, le désordre, l'indiscipline et la saleté des rues, les gens miséreux que l'on rencontre, ces étrangers insolents, tout cela et tant d'autres choses, font de Paris une ville infernale. Aussi, depuis quelques heures, j'attends cette soirée comme un repos mérité.

Dr *Sérénus.* — Nous vous sommes reconnaissants de cette marque de sympathie. Vous avez besoin, cher ami, de réconforter votre esprit tourmenté. Paris vous isole et vous vous y perdez. Dans la solitude de votre campagne vous vous retrouvez au contraire, et je vous comprends. Etes-vous bien sûr cependant que Paris ne cache pas sous ses tourbillons des milliers de petits oasis qui réjouissent ceux qui savent les découvrir. Etes-vous bien certain que, chaque soir, tandis que les restauranls de nuit regorgent de filles et de viveurs, des femmes et des hommes de pensée ne sortent pas de la vie externe que vous voyez et fuyez comme un enfer, pour entrer dans cette vie interne que vous recherchez comme un paradis. Vous prenez l'apparence pour la réalité. Si vous viviez à Paris, bien des surprises vous seraient réservées. Cette ville est semblable à l'une de ces femmes élégantes, qui, sous les dehors d'une vie mondaine, dissimulent toute une existence de dévouement, ou bien encore pareille à l'une de ces femmes laides dont un seul regard dévoile au psychologue la beauté d'une âme pure : on oublie dès lors le masque de la laideur devant la bonté dans son imposante simplicité. Non, mon ami, Paris n'est pas le music-hall du monde ; mais bien son cœur, et aussi son intelligence.

D'Antan. — Oh !... oh !... dans une ville où la vie de chaque jour est subordonnée au plaisir, comment serait-il possible qu'il restât une place pour le cœur et l'intelligence ? Vous vous êtes évertué à nous faire comprendre les dangers de l'intervention de l'Etat. Vous voulez l'homme libre dans un milieu libre. Je connais l'utopie. Et vous avez parlé d'étudier l'homme ! Mais il suffit de regarder le citoyen moderne pour se convaincre des effets du progrès social.

Dr Sérénus. — Vous jugez d'après ce que vous voyez. Vous oubliez que le « vu » cache souvent ce qui « est ». Il faut avoir la patience de transpercer la croûte des apparences pour apercevoir le réel. La vie de plaisir est ce que vous voyez, soit, mais la vie toute de pensée, de travail et de dévouement, voilà ce que vous ne voyez pas.

Les étrangers procèdent de même. Ils jugent Paris et la France d'après leurs observations faites en passant à la hâte, et sur leurs impressions d'une nuit d'orgies. Ils apprécient aussi notre vie intellectuelle à la lecture de romans achetés dans les gares.

Je vous montre l'une des manies de notre temps, généralisation hâtive selon ses propres penchants, au détriment d'une réflexion patiente. Vous oubliez que la généralisation est dangereuse. De toute façon elle doit être l'effet de notre réflexion et non celui de nos impulsions. Rougissez, mon ami : en ceci vous êtes moderne.

D'Antan. — Votre optimisme vous aveugle. Vous voulez libérer l'homme et vous oubliez que vous l'abandonnez ainsi à ses instincts pervers. Allez, sondez notre époque et vous reconnaîtrez que le mal vient de l'individualisme moderne. Ceci réduit à néant vos théories et vos principes de sociologie.

Dr Sérénus. — La confiance dans le progrès n'empêche nullement l'observation rigoureuse des faits. Le penseur a pour mission de rechercher les défauts ou les faiblesses d'une époque. Leur signalement facilite le progrès. La vie est comme une forêt dont la sève jaillit avec profusion : il est utile d'élaguer les troncs et de couper les ronces pour laisser fleurir tous les bourgeons.

D'Antan. — Il faudrait pour cela une amélioration du sens moral que l'individualisme annihile. Ce progrès ne peut exister dans un pays où l'Idéal est supprimé par l'Etat.

Et que signifie ce mot : Idéal, sinon l'ensemble des aspirations les plus élevées de l'esprit vers les sentiments nobles et généreux qu'impliquent ces autres mots : devoir et sacrifice. Le sens moral qui donne le moyen d'atteindre l'Idéal a été inculqué à l'âme humaine par Dieu. Il est précisé dans l'Evangile plus positivement que dans vos traités d'esthétique. Nos gouvernements laïques l'ont supprimé : en sapant l'Idéal traditionnel de l'absolu ils ont enlevé à la France tout son caractère moral. Oh ! je vous vois venir. Vous invoquerez votre Déité la science !

Je vais vous surprendre. Admettons un instant qu'il y ait une science, mais au moins, subordonnons la au critérium des physiciens et des chimistes, et surtout à celui des biologistes. Où en sont-ils, ces savants, de leurs découvertes ? Ils en restent au mystère ou plutôt à l'ignorance absolue de toute explication de la vie. La science, devant la logique la plus rigoureuse, ne s'arrête pas devant l'inconnu, mais devant l'inconnaissable.

Dr Sérénus. — Elle s'arrête devant l'impensable... et, faisant volte face, fixe définitivement ses observations sur le pensable, c'est-à-dire sur le fait positif.

D'Antan. — Mais puisque c'est par l'un de ces efforts de pensée tant admiré par vous que les savants sont parvenus à remplacer l'assurance dogmatique par la supposition relative, je veux dire la foi par l'hypothèse, de quel droit m'interdisent-ils un acte de penséo subordonné à la méthode admise ? Cependant c'est ainsi que, pour l'instant, je prétends choisir en métaphysique parmi les hypothèses la plus logique, celle de l'existence de Dieu. Elle est telle, parce qu'elle est synonyme de l'idée de cause, et qu'il n'est pas possible d'enlever à l'idée de cause son caractère logique. J'érige alors l'idée de Dieu, comme le principe du mystère, mais du pensable. Il suffit en effet que cette idée n'ait qu'une apparence de possibilité pour que ma pensée l'édifie en Idéal et en absolu.

Songez-y, mon ami, c'est à ce symbole du mystère, mais de l'attendu et du désiré, que ma sentimentalité se fixe par les élans d'un espoir que votre science ne saurait lui procurer. Supprimer Dieu, c'est anéantir cette solidarité par l'Idéal sans laquelle l'humanité ne pourrait subsister, c'est étouffer la sentimentalité et avec elle, l'amour, l'art, la poésie, l'homme et la vie. Mais c'est briser toute la positive grandeur de l'espoir. Vous enlevez au progrès son fondement psychologique et vous voulez que j'espère dans l'avenir de notre malheureux pays. Allons votre science ronge un cœur que le catholicisme avait donné à la France.

Dr Sérénus. — L'attrait d'un Idéal fait souvent perdre à une intelligence le point de vue positif de la science. Vous en donnez un exemple. Ne faut-il pas que l'idée de cause soit matériellement concevable pour conserver son caractère scientifique ?

La science doit se placer au point de vue du sens commun. Elle obéit à l'intelligence qui lui apporte tout un outillage de principes et de formes prêts à être adaptés sur la matière. Vous tenez à la faire entrer dans le domaine de la vie intérieure où elle devient aveugle.

L'éternelle aspiration de l'humanité est celle du souverain bien. Si les méthodes changent dans leur réalisation, le but n'en reste pas moins le même.

D'Antan. — Le point de vue du souverain bien n'est pas celui de l'Idéal... encore moins celui du sentiment religieux !

Dr Sérénus. — Vous ne pouvez prétendre que l'Idéal soit le monopole du sentiment religieux. Pas plus ne devez-vous soutenir que la science annihile le sentiment parce qu'elle le relègue dans sa sphère. Dites plutôt que les façons de concevoir la sentimentalité sont différentes, les aspirations esthétiques n'étant pas les mêmes. Si pour beaucoup l'esthétique trouve sa formule dans la foi, pour d'autres, elle la trouve dans la science, dans l'art, ou dans l'action. Les hommes diffèrent autant par leur mentalité et leurs croyances que les végétaux par leurs genres et leurs aspects. L'autorité discipline parfois les hommes ; le respect de la pensée individuelle pourrait les unir. Le point de vue esthétique et positif de la science est celui de la liberté des aspirations psychiques dans le but du bonheur général par le bien de chacun selon ses tendances spirituelles. Avec vous je déplore l'esprit intolérant de la République. Mais je ne puis me ranger à vos idées de généralisation en morale. A votre tour, vous vous montrez bien intransigeant.

Derouge. — Docteur Sérénus, vous m'amusez infiniment.

D'Antan. — Vous, vous allez vous taire.

Derouge. — Despote.

D'Antan. — Je me bats avec le docteur Sérénus. Laissez-nous tranquilles.

Dr Sérénus. — Vous prenez le réel pour le définitif. Vous voyez l'absolu où ne peut se poser que l'hypothèse. Une sorte de nécessité impérieuse vous oblige à remonter d'un effet non vérifié à une cause facile. De l'apparence d'une certitude, vous faites un absolu. L'esprit humain est construit de telle sorte que la fixité lui semble aussi indispensable que l'air aux poumons. Certes, l'idée impulsive de cause engendre une logique de l'absolu. Mais l'expérience vous démontre sans cesse que la réalité n'est pas immuable et que l'absolu est bien plutôt une tendance de notre intuition qu'un phénomène objectif agissant par le dehors.

D'Antan. — Que voulez-vous dire ?

Dr Sérénus. — En dehors des phénomènes chimiques l'idée de cause est inexplicable. Elle ne peut donc rester un absolu. Cependant, en métaphysique certains raisonnements peuvent acquérir devant nos esprits un caractère d'absolu par leur cachet de vérité utilitaire. Le sens de l'Idéal surtout conserve toujours pour l'individualité, un caractère d'un ordre absolu.

D'Antan. — Votre subtilité est « un galimatias » ; ma pensée est plus simple. Tout nous porte à croire que la notion de cause première est un besoin mental qui fait d'un absolu et non de l'absolu une nécessité vitale.

Dr Sérénus. — Besoin, certainement. Mais la science veut le contrôle du fait. Vous commettez l'erreur de prendre l'idée de cause pour un absolu alors qu'il est plus exact de ne pas en faire une entité.

L'intelligence ne se trouve pas en face de la fixité. Elle observe au contraire des phénomènes toujours changeants et relatifs parce qu'ils sont en relations constantes avec d'autres phénomènes dont ils dépendent souvent. L'hypothèse, seule, permet à l'intelligence, si elle veut être sincère, de rester en relation avec les choses.

D'Antan. — Vous supprimez l'idée d'absolu pour la remplacer par le néant, vous détruisez, et vous ne sauriez reconstruire. Que vous le vouliez ou non, il y a derrière les faits un principe actif, un principe permanent : il peut seul faire comprendre leur origine et leur ordonnance. Cette cause mystérieuse, la science ne l'expliquera jamais par ses propres moyens.

Dr Sérénus. — Nous ne pensons pas plus à construire qu'à détruire. Nous renonçons simplement à prouver ce dont l'explication, pour nous impossible, est pour vous une idée fixe. Nous remplaçons l'idée d'absolu par la notion de l'absolu. Il acquiert ainsi un caractère de vérité d'autant plus grand qu'il s'impose par le dedans et non par le dehors, par l'intuition et non par la suggestion.

Nous nous contentons de chercher à nous reconnaître au sein des forces qui nous englobent dans l'univers.

D'Antan. — Il m'est totalement impossible de qualifier de progressif votre vague panthéisme. Oui, je ne saurais trop le répéter, sous le prétexte d'un but scientifique, la France perd le seul véritable Idéal qui a fait toute sa force dans le passé : la croyance dans une force créatrice, Dieu, et le respect d'une morale absolue : la règle chrétienne.

Dr Sérénus. — Vous ne pouvez nier que l'effort soit un acte progressif. Il n'est pas question de prohiber une croyance que la science respecte. Elle se reconnaît simplement dans l'impossibilité de la démontrer. Elle demande seulement que la règle dont vous parlez ne soit pas imposée.

D'Antan. — J'appelle cet esprit l'ironie scientifique. Je ne puis admettre que l'effort soit qualifié de progressif dans un pays où l'idéal est supprimé par l'Etat. L'effort matériel existe, soit ; mais l'effort spirituel, en France tout au moins, est régressif, c'est-à-dire qu'il procède au rebours de la moindre notion de morale.

Dr Sérénus. — Et pour quelles raisons, mon ami ?

D'Antan. — Comment ne reconnaissez-vous pas que la foi représente l'expression la plus vigoureuse de l'amour. Vous prétendez conserver à la science l'espoir et la confiance. Vous ne pouvez lui conserver l'amour. Ce sentiment est bien le monopole de la foi.

Dr Sérénus. — Certainement non. L'amour est un sentiment humain, et, comme tel, il existe aussi bien chez le croyant que chez l'athée. Si la foi est un lien de solidarité sociale, l'amour est un lien de solidarité psychique. Mais, pratiquement, la pensée moderne tend à rechercher surtout l'efficacité de l'effort.

D'Antan. — C'est la foi qui rend l'effort efficace, parce qu'elle est plus positive dans la notion qu'elle donne de l'espoir que toutes vos hypothèses.

Dr Sérénus. — Pour ceux qui peuvent l'avoir, sans aucun doute, car sans elle, ils n'existeraient pour ainsi dire pas en tant qu'êtres pensants. J'admets que la formation mentale de certains esprits les rend si propres à la foi que, sans son secours, ils seraient réduits à l'état de non valeur.

D'Antan. — La foi donne, en effet, la seule valeur morale parce qu'elle impose le « doit être ». Les hommes qui ne la possèdent pas sont à plaindre ; ceux qui la possèdent doivent s'efforcer de l'inculquer à leurs frères.

Dr Sérénus. — Vous avez le tort, cher ami, de généraliser l'homme d'après vos observations journalières sur vos semblables. Vous oubliez que l'homme observé ainsi est connu par ses côtés externes puisqu'il se présente toujours par le dehors. Vous lui imposez cependant un Idéal puis une règle de vie sans vous demander si ses aptitudes psychiques qui sont internes, et dépistent vos jugements, lui permettent de le comprendre et de s'y soumettre. Si vous tombez sur un sujet capable de devenir un adepte, vous faites un heureux, sinon vous formez un hypocrite ou préparez un révolté. Je préfère le second au premier.

Allez à ceux pour lesquels la foi est l'expression objective des aspirations les plus profondes parmi les aspirations spirituelles, parce qu'elles sont mystiques ; mais renoncez à enserrer l'humanité dans une croyance. Jugez l'homme et non les hommes. Rappelez vous que c'est l'homme qui attire à lui ceux qui croient l'être. Votre grande erreur consiste à imposer vos idées à tous. Vous faites alors trop souvent de mauvaises recrues..., des méchants... parce qu'ils sont fourbes... et vous permettez ainsi à vos ennemis de vous qualifier d'hypocrite, cependant que vous restez l'expression vivante de la plus noble sincérité. Le sentiment religieux est une aspiration vers un Idéal que tous les hommes ne peuvent admettre. L'imposer c'est le détruire. Le faire respecter c'est l'imposer.

D'Antan. — Il faut pourtant fixer une règle de conduite générale.

Dr Sérénus. — Le sentiment religieux ne peut servir de règle de conduite efficace à tous les hommes. Une simple notion de la morale la plus pratique est à même d'y tendre. Il ne peut être question d'un Idéal lorsqu'il s'agit de la collectivité, mais seulement d'une recherche scrupuleuse des moyens d'entente sur les questions d'intérêts généraux afin d'empêcher ces discordes continuelles qui proviennent toujours de l'opposition de croyances différentes. Il faut donc abandonner le point de vue de l'Idéal parce qu'il concerne la vie intérieure de chaque personne, et change avec chacune d'elle. Il est préférable d'étudier les liens moraux qui peuvent unir les hommes. Mais alors, ce point de vue cesse de rester suggestif pour devenir objectif. La morale ne se pose plus comme un absolu. Elle est présentée comme une méthode scientifique qui a pour but de déterminer les rapports des hommes entre eux, mais d'une façon toujours relative aux époques.

D'Antan. — L'Eglise gardienne de la vérité doit avant tout l'imposer aux masses.

Dr Sérénus. — Ce but est son droit. Cependant, n'agirait-elle pas sagement en réfléchissant aux moyens d'y parvenir. Songez que sans tenir compte des sceptiques ou des indifférents, les hommes peuvent se diviser en trois classes. Ceux qui n'ont pas besoin de vie intérieure ; les objectifs, la plupart hommes d'action généralement matérialistes. Ceux qui ont besoin d'une vie intérieure : les subjectifs, mais qui ne peuvent la trouver en eux-mêmes : les religieux. Ceux qui ont également besoin d'une vie intérieure mais savent la trouver en eux-mêmes ; les psychiques, les mystiques purs. Ces derniers peuvent être ou ne pas être religieux. Cependant, parmi les religieux beaucoup ne sont tels que par habitude ou par ruse. Je me demande si dans l'intérêt même de la religion, l'Eglise ne servirait pas mieux sa cause en se contentant, à certaines époques de crise, d'une élite. La qualité ne servirait-elle pas mieux le Christianisme que la quantité ? Croyez moi, fuyez les hypocrites. Il faut que la religion catholique cesse d'être un commerce d'influences si elle veut vivre.

D'Antan. — L'Eglise ne peut abandonner la lutte contre son pire ennemi ; il est naturel que le sentiment religieux soit considéré comme un poison mortel par l'individualiste.

Dr Sérénus. — Jamais, si le sentiment religieux correspond à un désir ou à un besoin de la personne, car, dans ce cas il fortifie le sujet pensant. Et puis, l'individualisme n'est pas un Idéal. J'y vois la possibilité d'atteindre un certain équilibre mental en ce qui concerne l'individu, un moyen pratique de conciliation entre les hommes en morale, un procédé salutaire de communion entre l'homme et l'ambiance générale des forces au point de vue social.

Si vous rameniez le sentiment religieux à un besoin d'Idéal personnel fixé aux racines les plus profondes des aspirations sentimentales, la morale, au contraire, à la nécessité de la compréhension des liens qui doivent unir les hommes entre eux, vous combleriez l'abîme que vous voyez ouvert entre la science et la religion. La grande erreur consiste à confondre le sentiment religieux et la morale. Vous mélangez l'Idéal, point de vue tout à fait élevé et personnel, à la morale, point de vue tout à fait pratique et général.

D'Antan. — Les prétentions de la science sont excessives. Elle n'a pas le droit de supprimer l'absolu de l'Idéal.

Dr Sérénus. — Vous vous obstinez à ne pas admettre que la science a sa conscience elle aussi ; vous oubliez toujours que la science a un devoir à remplir : celui de rester courageusement en face de l'avenir dans l'attitude du doute. La religion, au contraire, a le devoir de faire le geste opposé. Les observations de la science sont provisoires étant donné que la possibilité d'en faire de plus exactes doit être posée en principe. Elle ne peut donc s'occuper de l'Idéal, sens de tout absolu, quel qu'il soit.

Oui, cher d'Antan, la religion a le droit de se baser sur l'idée d'absolu, l'idée de cause première, sur la notion de la création. Si la morale sociale et la religion sont incompatibles en fait, elles restent cependant conciliables en droit par la légitimité de leur action individuelle et sociale. Songez-donc que le sentiment religieux répond à un besoin personnel et la morale a une nécessité sociale.

D'Antan. — Je ne m'attendais pas à être traité d'individualiste. Mais comment faites-vous une distinction entre ces deux idées ?

***

Dr Sérénus. — L'utilité sociale peut être estimée en morale d'après la mesure des services rendus par une idée dans ses résultats efficaces pour la généralité des hommes. Il faut donc trouver un terrain d'entente et le déterminer. Le positivisme l'a fixé et la science s'y cantonne. Dans ce sens, la morale est une utilité sociale, parce qu'elle répond à un besoin général.

Quant à l'utilité individuelle, elle est plus simple à définir : elle comprend la valeur des services d'une chose ou d'un acte estimée par l'intéressé, mais sans qu'il lui soit permis d'affirmer que ce service puisse être jugé aussi précieux par d'autres personnes. Cependant ici, l'utilité est plus variable et plus complexe, car il n'est pas possible de la généraliser. C'est à ce genre d'utilité que je ramène le sentiment religieux lorsqu'il est conforme à certaines aspirations spirituelles.

La science qui ne doit se placer qu'à un seul point de vue, celui de l'expérience, ne peut sortir du domaine du « positif » qu'il ne faut pas confondre avec celui de l'absolu. Elle s'évertue d'exiger positivement des hypothèses. Le sentiment de l'Idéal tend toujours au contraire à établir plus ou moins un absolu car il ne peut se contenter d'une direction cependant précise vers un but indéfini, puisqu'il est indéfinissable.

Derouge. — Ceci est tout à fait amusant.

D'Antan. — Et vous trouvez que le point de vue de la foi n'est pas celui du « positif » ?

Dr Sérénus. — Pour vous et bien d'autres sans doute. Pour l'esprit soumis à une méthode scientifique, certes non.

D'Antan. — Ainsi, vous refusez de vous soumettre

à la foi et vous obéissez à une méthode scientifique.

Dr Sérénus. — L'homme réfléchi se soumet aux ordres de choses qu'il croit comprendre et sentir. Obéissez à la foi religieuse si vous le pouvez. Admettez toutefois que l'esprit libéré préfère la recherche. Vous entreverrez ainsi un terrain d'entente par la compréhension des mots : espoir et confiance.

Espérez par votre foi inébranlable dans une force externe que vous appelez Dieu. Comprenez cependant que d'autres ont le droit d'avoir confiance dans leurs propres forces internes et d'espérer par la communion éprouvée par elles avec les forces occultes et actives d'un univers qu'ils se contentent de pressentir. Qui vous dit que ce n'est pas l'espoir et la confiance dans la recherche active du « meilleur » qui éloigne certains esprits de la religion? Vous voulez sortir du domaine de l'expérience, du domaine de la science. Soit, je vous comprends tout de suite.

Pour votre intelligence éprise d'un Idéal objectif Dieu est la force créatrice que vous adorez avec toute la puissance de votre confiance. Tolérez au moins que pour d'autres esprits, et sur ce même terrain de l'Idéal, mais d'un Idéal subjectif, cette confiance puisse être remplacée par l'espoir dans les transformations continuelles de forces incomprises, mais pressenties. Leur direction est inconnue. Elle reste l'effet de causes ignorées. Cependant, l'espoir dans l'infini, dans la perpétuelle action de l'energie universelle, dans l'éternelle adaptation de toutes les forces aux forces psychiques, peut subsister avec la même puissance de foi que la vôtre ; si les croyances diffèrent, leur force de conviction reste la même.

Pour vous l'Idéal est précis et défini. Voici pourquoi, loin de vouloir le rabaisser je l'appelle objectif. Pour d'autres, il est indéfini, cependant que la direction qu'il indique reste positive.

Derouge. — Je proteste.

D'Antan. — Nous ne vous écoutons pas. Reconnaissez-le donc Dr Sérénus, vous conservez l'espoir et vous anéantissez la confiance.

Dr Sérénus. — Au contraire. Mais au lieu de la voir dans une cause externe, je la mets à sa place au plus profond de l'être. Oui, mon ami, l'homme a le droit d'avoir confiance en lui-même pour atteindre un but et réaliser un effort.

Elle peut être stimulée d'ailleurs par les résultats déjà acquis.

D'Antan. — Au moins la science ne se vantera pas de modestie.

Dr Sérénus. — La modestie telle que vous l'entendez est la soumission poussée à l'extrême. Elle équivaut à l'écrasement de l'individu sous le poids du dogme.

L'homme a confiance dans ses efforts, pour atteindre un but. Vous confondez la vanité avec l'orgueil élevé que l'homme n'aurait pas s'il n'était homme. Vous savez bien que la vanité est le contentement stupide qu'éprouvent les êtres inférieurs dans tout ce qui les concerne exclusivement.

L'orgueil est le stimulant de l'action. L'être d'élite

ne peut s'imposer à lui-même la discipline nécessaire pour toucher le but qu'après s'être estimé capable de la supporter. Ne vous effarouchez pas ainsi devant l'orgueil. Ce sentiment est après tout l'intelligence de l'énergie, de la volonté et de la fierté. Détruisez cette conscience de la personnalité et vous annihilez l'homme.

Mefiez-vous. Je me suis demandé souvent si les religions, mal enseignées, ne sont pas et n'ont pas été des entraves aux forces psychiques, au lieu d'être des encouragements.

Croyez-vous qu'il suffise de promettre des récompenses et d'exiger une foi pour former des hommes.

Il ne faut pas que la modestie soit transformée en hypocrisie, le devoir en discipline générale et l'Idéal en nivellement des espérances.

La modestie doit au contraire pousser l'homme à rêver toujours plus haut puisqu'elle l'empêche de se contenter d'un but atteint. Elle consolide l'orgueil ; elle anéantit la vanité.

Demandez-vous si le devoir n'est pas une discipline toute personnelle. Etes-vous bien sûr qu'il soit utile d'en faire un dogme social. Quant à l'Idéal, n'est-il pas variable selon les aspirations individuelles ? Par suite, ne doit-il pas rester toujours libre ?

Demandez-vous si les religions ne peuvent devenir immorales ? Ne courent-elles pas ce risque quand elles annihilent la personne. Les religions équivalent alors à la socialisation des facultés intellectuelles.

Réfléchissez encore, l'irreligion peut être morale et favoriser un Idéal sublime : celui de l'élévation esthétique de l'homme par ses propres moyens intellectuels et ses propres aspirations psychiques.

D'Antan. — Vous exposez des théories subversives où l'individualisme montre tout son fiel. Vous posez des questions auxquelles un catholique ne doit pas se donner la peine de répondre.

Dr Sérénus. — L'habitude annihile souvent le sens de l'observation. Le souvenir du jadis fait prendre ce jadis pour l'actuel. Tout ce qui dépasse le passé est méconnu : le présent semble folie. Dès lors l'esprit d'observation est appelé l'esprit d'imagination.

Loin de ma pensée le but de supprimer le sentiment religieux. Je m'attaque seulement à une conception de la morale qui n'est plus conforme à l'esprit moderne.

Si vous voulez que la religion subsiste, maintenez son Idéal mystique en dehors et au-dessus de la moralité générale, sinon elle sera victime de la concurrence comme tous les phénomènes rétrogrades. Je me contente de vous donner un avis et je me garde d'imaginer ni de détruire.

D'Antan. — Vous cherchez à le faire, car vous vous attaquez à la source des aspirations idéales de l'être.

Dr Sérénus. — Etes-vous bien sûr que vous ne les réduisez pas en leur fixant la limite de vos dogmes ? L'homme a des besoins d'Idéal, je vous l'accorde. Ils ont nécessité le sentiment religieux dans le passé sans aucun doute ; mais aujourd'hui les esprits indépendants ont le droit de remplacer un Idéal général et toujours imposé, par leurs croyances personnelles et définitivement libres. Et la science doit retirer la morale des sphères de l'Idéal réservées à la personne pour la fixer sur son domaine propre celui de l'expérience. Ici seulement un terrain d'entente peut se déterminer. Etudiez d'ailleurs l'évolution du sentiment religieux dans l'histoire de la civilisation et vous verrez qu'il a toujours été le résultat d'une nécessité de tutelle sociale tout autant que l'effet d'un besoin d'Idéal; les aspirations toujours plus élevées de ce sentiment ont amené le relèvement des religions. C'est ainsi que du fétichisme grossier, de la superstition barbare, les aspirations religieuses ont exprimé leur plus noble langage dans le christianisme. La pensée du Christ, sublime dans son élévation esthétique, a trouvé sa forme objective dans le catholicisme. Cette religion a été l'appui souvent moral, parfois immoral de l'Etat, alors que la formation politique de la France exigeait une concentration de toutes les forces de la tutelle.

Eh bien, de nos jours la religion ne peut être admise comme une nécessité sociale. Il est donc utile dans l'intérêt de la nation comme dans celui de la religion réservée désormais aux individualités la réclamant, que les deux pouvoirs se séparent. Telle est la notion laïque de l'Etat. Elle devient sectaire si elle se transforme en haine, je vous l'accorde. Elle reste bienfaisante lorsqu'elle se contente d'exiger la séparation de deux ordres de fonctions différentes, tant par leur but que par le terrain de leur action. J'estime que la séparation de l'Eglise et de l'Etat est la réforme la plus fructueuse que la République puisse inscrire à son actif.

D'Antan. — Et vous trouvez qu'un Etat peut se passer de l'appui de la religion ?

Dr Sérénus. — Un Etat a besoin de l'appui d'hommes de valeur quelles que soient leurs conceptions esthétiques de la vie. Si, je vous le répète, la religion a été la seule façon générale de concevoir la morale, elle est devenue enfin une manière toute personnelle de la comprendre. Ceci ne regarde en rien l'Etat.

L'individu doit être libre de choisir entre la religion et l'irreligion. Tel est le seul point de vue de l'Etat moderne. Evidemment ce n'était pas celui de Louis XIV.

D'Antan. — Vos idées sont lamentables !

Dr Sérénus. — Vos larmes sont aussi sincères que respectables... Rappelez-vous celles du Christ ; elles se consolidèrent en piliers de la civilisation. Oubliez donc l'esprit d'autorité pour vous laisser envahir par celui de l'amour. Cherchez plutôt à développer le Dieu intérieur qui est en tout homme la source de puissance, de beauté et de félicité. Que votre Dieu soit le foyer d'amour dont chaque esprit peut devenir un rayon lumineux. Vous pourrez alors être certain qu'aux époques de désarroi, l'humanité se blottira toujours autour de vos tabernacles comme un troupeau affolé par l'orage au fond de sa bergerie.

Derouge. — Horreur ! Nous saurons prévenir ce désastre.

Dr Sérénus. — Les mouvements d'opinion sont aussi mystérieux que la marche des événements. Le sentiment humain est ténébreux comme l'univers, et ce n'est plus être modeste que prétendre le déterminer.

D'Antan. — Laissez ce terrible produit barbare des temps modernes. Chacune de ses paroles confirme la prudence de mes convictions.

Dr Sérénus. — Il a ses droits et sa raison d'être surtout. Il représente le mécontentement sincère...

Derouge. — Je vous ai laissé vous griser de paradoxes et de sophismes. En attendant, l'ami d'Antan perd sa foi.

D'Antan. — Moins que jamais je ne m'inclinerai devant le libéralisme du Dr Sérénus au moment où la persécution religieuse est organisée légalement en France.

Dr Sérénus. — Je reconnais que les hommes politiques, hommes d'action interprètes de l'idée, l'expriment trop souvent selon leur tempérament. Il en résulte ces troubles fomentés par la politique où le désarroi remplace l'idée. Je me suis contenté de répondre à vos attaques contre la science. J'ajouterai, puisque vous parlez de persécution, que l'histoire présentera une médaille à deux faces, où seront inscrites les victoires et les défaites de l'esprit religieux et de l'esprit laïque. Ces deux tendances se livrent tour à tour de rudes combats. Cependant, si la tolérance et l'action se montrent incompatibles, il ne faut pas en rendre responsable la science, mais la nature humaine. J'ajouterai que la tendance au mieux est plus accentuée en France que dans les autres nations. La lutte est intense dans notre pays, et la lutte est une grande semeuse d'idées. Les hommes contemporains n'en profitent pas, mais les germes vivent toujours en attendant les générations suivantes.

***

D'Antan. — Allons, bon. Le voici parti. Mais je me moque de votre avenir. Je suis plus scientifique que vous. Je vois le fait, le fait de la démoralisation générale de la France. Glorieuse et sublime dans son passé, oui, je l'aperçois, hélas, et je compare ! La France actuelle je la vois, pour parler votre langage, évoluer de l'état de reine à celui de débiteuse de produits alcooliques au comptoir d'un cabaret. La voyez-vous, dans son tablier bleu, avec, au cou, un foulard qui fut blanc, les manches retroussées, laissant voir ses gros bras rouges.

Dr Sérénus. — Quel réalisme, mon ami !

D'Antan. — Je suis un homme de science. Voici des faits. Pas plus tard que le 6 février 1913, le Parlement Français a repoussé le projet de loi proposé par la commission afin de limiter le nombre des débits de boissons. Le rapporteur a fait observer qu'il y a à Paris 30.000 débits, tandis que à Londres il n'en compte que 5.600, Chicago 5.700, Edimbourg

340 et Moscou 244. Dans certains départements la consommation atteint chaque année 12 litres par tête d'habitant. La Commission proposait simplement de limiter, dans l'avenir, le nombre des débits à 1 par 200 habitants. Peine perdue. Malgré le courageux langage de M. Joseph Reinach, le renvoi a été prononcé par 360 voix contre 156. Les marchands de vins sont « tabous ». M. Reinach n'est cependant pas un réactionnaire, ni un catholique. Vous voyez donc bien que les hommes de tous les partis tremblent devant la démoralisation de notre pays.

Dr Sérénus. — Certes, mon ami...

D'Antan. — Je ne m'arrête plus lorsque je parle au nom de la science, j'énumère des faits. Eh bien celui de la démoralisation de la France est flagrant. Je vous ai cité la poltronnerie du Parlement devant l'intérêt électoral à propos de l'alcoolisme, je vous en énumérerais bien d'autres, prouvant tous la subordination de l'intérêt général aux intérêts privés, le triomphe de l'égoïsme sur l'altruisme, la surexcitation des instincts de jouissance, la négation absolue de la morale et avec elle de tout Idéal. Vous semblez attribuer un rôle prépondérant à l'esprit. Mais regardez donc les Français modernes. Ils rient, ils jouissent. Ils ne sauraient penser : ils n'en ont pas le temps. S'ils fuient les Eglises, c'est par crainte de la reflexion : ils redoutent un retour sur eux-mêmes.

Ah! Dr Sérénus vous, penseur sincère, épris d'Idéal aussi, repliez donc votre âme sur elle-même, étudiez ses besoins spirituels et regardez l'Eglise, cette grande semeuse de consolations. Vous comparez la vie à une forêt. Que deviendrait l'âme enveloppée de ses sombres ombrages sans un guide, sans l'appui positif de l'Eglise. Seul, mon ami, le catholique peut se retrouver dans cette jungle parce que l'espérance scintille constamment devant son esprit. La religion tout entière l'incite à la méditation sur le sens des choses caché pour le païen. Le catholique est l'initié des initiés dans les sphères spirituelles. A chaque minute il sait qu'il marche à sa fin, mais il puise dans sa religion le renouvellement de la confiance. Sa foi couvre de fleurs les épines où l'athée se déchire. Avec sérénité, le catholique prend son parti de la fin qui pour lui est le simple commencement. Tous les symboles de son culte rappellent à son esprit la magnificence des premiers symboles bibliques. La morale vivante, éternelle et vivifiante des paraboles évangéliques compose pour lui la plus sublime synthèse du bien. Les dogmes sonnent à sa pensée le rappel des éternelles vérités. Il marche, ferme, vers l'horizon immuable de l'éternité. Ah ! le catholique n'a que faire de votre évolution. Il sait qu'il est l'homme de tous les temps.

Dr Sérénus. — Devant la sincérité d'une conviction absolue, l'être épris de l'esthétique s'incline avec respect, désireux seulement de conserver la sienne. Il se sent néanmoins rapproché du convaincu par la puissance de la confiance. L'optimisme établit un lien spirituel entre les âmes. Les convictions suivent des voies différentes ; elles sont unies cependant par l'optimisme, la foi suprême, la seule foi sociale.

D'Antan. — Je ne puis vous suivre sur ce terrain fragile. Vous appartenez à un temps où la morale a cessé d'avoir une signification précise parce qu'elle n'a plus de règles absolues. La morale, c'est la règle de l'amour. Soit. Mais l'amour se vivifie dans l'immolation et non dans la jouissance. Il épure l'âme par la souffrance et la rachète par le sacrifice. Qu'est-ce qu'un chrétien, sinon un éternel amoureux de la vérité.

Dr Sérénus. — L'homme porte l'esprit de sacrifice en lui-même et cet esprit ne dépend pas d'un Idéal : il le crée.

D'Antan. — La pensée humaine est dépositaire de l'Idéal du Christ, et le catholicisme n'est autre que la règle absolue de la morale.

Derouge. — Et la morale, c'est la suppression de la vie par l'oubli de soi érigé en système au profit d'une minorité de fanatiques aveuglés... par leurs propres utopies.

D'Antan. — Voici l'Idéal moderne, précurseur de l'avenir !

N'avez-vous pas entendu, Docteur Sérénus, les paroles de ce blasphémateur illuminé ?

Dr Sérénus. — Oui, cet esprit encore jeune est un disciple des matérialistes du siècle dernier. Ils ont engendré l'esprit sectaire.

D'Antan. — Ce sont de bien grands criminels !

Dr Sérénus. — Il faut reconnaître que les matérialistes ont oublié que l'esprit est une force qui semble avoir les mêmes attributs de transformation que les forces physiques. L'eau se dilate en vapeur, sous l'influence de la chaleur et, de nouveau, se condense en eau sous celle de l'atmosphère ; l'idée se dilate en pensée sous l'influence de la volonté et se condense en principes sous l'influence de la réflexion.

Pour supprimer la métaphysique il faudrait défendre les anticipations de l'esprit. Mais alors, ne serait-ce pas anéantir la pensée ? L'esprit ne vit-il pas d'anticipations ? Et qu'est-ce que le progrès sinon une recherche active d'anticipations ? Si la science s'engageait dans cette voie, elle agirait avec le même despotisme que le dogmatisme religieux. — Il est aussi impossible de limiter la connaissance à la science des faits que de supprimer le sens de l'Idéal. Il était néanmoins indispensable de préciser le terrain de l'expérience comme point de repère de la pensée, ou, si vous le voulez, comme le laboratoire des généralisations possibles. Il était nécessaire de montrer l'importance du fait, de prouver enfin qu'il y a dans la connaissance différents moments, et surtout différentes attitudes.

D'Antan. — Quel désordre que toute cette superposition d'idées.

Dr Sérénus. — Dans les sphères de l'esprit, la lutte pour l'idée est synonyme de vie, comme dans le monde de la matière, la lutte pour la découverte est synonyme de prospérité. La lutte, mon ami, est le symptôme de l'effort, et, l'effort, le signe réconfortant de la vitalité. Vous pouvez dans toutes les branches de l'activité humaine, vous incliner, en France, devant ce signe qui ne trompe pas.

***

Derouge. — La France peut s'affirmer une nation forte ; l'effervescence des idées, des idées de liberté surtout, est en effet un symptôme encourageant. Mais avant tout, il faudrait fuir les vases de la morale. L'esprit s'y enlise trop facilement. Vous avez fait une allusion, docteur Sérénus, aux grands noms qui illustrent la France moderne. Vous y voyez les pierres précieuses de la couronne d'une époque. Mais après... où sont les résultats au point de vue pratique ?... Les résultats devant ce « mieux » dont vous ne cessez de parler. Ah ! mes amis, n'est-il pas temps que ce phénomène désastreux que l'on est convenu d'appeler l'ordre social cesse d'être un obstacle constamment érigé devant la civilisation ? Une élite intellectuelle s'évertue à rechercher des idées de direction : elles éclairent parfois la voie du progrès. Soit. Mais que deviennent-elles ces idées qui vous émerveillent docteur Sérénus ?

Leurs rayons se heurtent à la muraille épaisse de l'indifférence.

D'Antan. — Ceci vous prouve l'inanité de l'instruction obligatoire.

Derouge. — Infamie. L'indifférence règne en maîtresse parmi les classes riches et soi-disant instruites. Si le peuple est encore aujourd'hui un grand enfant, des intelligences surgissent çà et là de sa sincérité. Elles s'élèvent des masses comme le nénuphar sort des eaux et se pénètrent de la vérité comme ces fleurs des solitudes s'imbibent du soleil. Leur éveil sera bientôt le grand vent qui balaiera le brouillard, et l'humanité jouira enfin de la lumière.

Je m'incline à mon tour devant la vitalité de la France parce que ce pays, sur la voie de la révolution, a toujours donné le signal de l'acte.

Son peuple, moins endormi que les autres, a soif de justice. Il commence à pressentir l'avenir, parce qu'il commence enfin à se débarrasser de la morale.

D'Antan. — Vous entendez, docteur Sérénus..... parce qu'il commence à se débarrasser de la morale !!

Derouge. — Oui... homme de pensée...! parce qu'il commence à se débarrasser de la morale... L'humanité n'a que faire de cette tutelle... en réalité de cette chaîne pesante qui, sous le prétexte d'un Idéal illusoire entrave les inclinations véritablement humaines : Oui, vieil ami, vous êtes loin de votre temps, si loin que vous ne l'aperçevez plus. Ayez donc le courage d'observer les inclinations de l'homme moderne : ses désirs percent la croûte des préjugés et des traditions; ils se font jour enfin.

C'est que les inclinations sont les véritables forces parce qu'elles sont les voix de la nature. Et vous, docteur Sérénus, ayez en nettement la perception. Vous pourrez ainsi faire ressortir la seule vérité qu'il soit possible de généraliser : celle de la puissance naturelle de nos instincts, c'est-à-dire la nécessité de la négation radicale de toute morale.

D'Antan. — Votre langage me comble de joie

parce qu'il corrobore mes prévisions. Il serait intéressant néanmoins de savoir comment dans votre société future vous empêcherez les abus inévitables d'une tyrannie sexuelle, sensuelle, vicieuse du fort contre le faible, de l'homme contre la femme, ou de la femme contre d'autres femmes.

Derouge. — Je reconnais dans votre question cette tournure d'esprit catholique constamment orientée vers les mœurs. Vous les voulez fixes et la civilisation exige qu'elles changent. Vous vous laissez hypnotiser par l'idée du bien et du mal, et, ni le bien ni le mal n'existent. Les hommes sont mus par des désirs généraux de bien-être matériel physique et spirituel. Supprimez l'ordre social et vous aurez le bien-être matériel pour la généralité. Permettez à l'homme d'obéir à ses inclinations, et vous aurez le bien-être physique. Permettez enfin à ceux qui en sont doués, d'harmoniser leurs tendances spirituelles, et vous aurez l'amour. La tyrannie possible du fort sur le faible dont vous parlez est simplement le résultat de l'ordre immoral que nous subissons !

D'Antan. — Prouvez-le donc.

Derouge. — Sous prétexte d'ordre vous faites de l'homme un esclave, l'esclave de vos principes intransigeants. Avec la férule de votre morale absolue, vous refoulez ses élans naturels. Vous le dégoutez de la confiance parce que vous rendez impossible tout épanouissement de la vie. Il ne lui reste plus qu'à se réfugier au milieu de ses appétits. La perversité sort ainsi de la conscience, comme le reptile de son trou. Elle se glisse entre vos préceptes, souple, comme lui, entre les ronces. Il rampe vers la plaque de soleil pour attendre sa proie ; elle se faufile vers la pureté pour l'envelopper de ses attraits. — Oui, la perversité est enfantée par votre intransigeance : c'est la déviation des inclinations spontanées de l'homme.

D'Antan. — Fou ! Expliquez-nous au moins pour quelle raison vous accusez l'ordre d'immoralité.

Derouge. — Je l'accuse d'anéantir l'homme. Je l'appelle immoral, parce que, sans doute, vous le nommez moral. Je ne conçois, pour ma part, ni l'immoralité, ni la moralité, étant donné que l'homme n'est pas plus responsable de ses actes que de ses instincts. — Vous refusez de vous soumettre à l'évidence, au déterminisme général de la vie qui dicte à l'homme ses impulsions. Vous imaginez une conception fausse de l'univers qui vient du mépris de la nature. Alors, vous vous raccrochez à l'espoir et vous fabriquez de toutes pièces, ce Dieu auquel vous vous cramponnez comme à la dernière corde au-dessus de l'abîme. Le désespoir vous conduit à l'optimisme par un retour singulier de l'instinct de confiance. Le désir triomphe. Mais il se venge de votre mépris en vous imposant la croyance dans une chimère. Eh bien, moi, je préfère m'abandonner à la nature, à laquelle je me confie sans retour. Je pressens le déroulement des forces dans l'infini jusqu'au vide, et je me livre à elle avec soumission. Mon esprit se laisse absorber par la nature comme la goutte d'eau par la terre desséchée.

D'Antan. — C'est justement...

Derouge. — Attendez... C'est mon tour. N'ai-je

pas eu le courage tout à l'heure, d'écouter patiemment la litanie de vos sophismes ?... Vous ignorez, enfant, que les désirs s'accroissent et s'aiguisent sur l'obstacle. Vous oubliez l'indifférence altière pour les mets offerts, l'oubli hautain du souvenir pour le désir satisfait. Vous ne voulez pas comprendre que l'assouvissement est la morale de la vie. Apprenez, antique croyant, que le désir se noie dans la coupe vermeille que la nature, vêtue de couleurs, tend à nos inclinations vêtues de feu. Permettez-nous donc de vider les coupes, de nous endormir sur elles. Lassés, nous les envelopperons de notre souvenir, cependant que notre désir satisfait voltigera au-dessus comme les papillons blancs qui dansent autour de ces pétales de roses tombées sur la route, tristes et belles, semblables aux petites coquilles solitaires et somptueuses qui languissent sur les plages.

— N'avez-vous pas remarqué, d'Antan, que la mer dépose chaque jour et chaque nuit, une incomparable *orfèvrerie* sur les sables de votre chère Bretagne ? Dans le cadre féérique de ses roches, la mer, ce ciel dont nous sortons, la mer qui s'étale voluptueusement devant l'infini, la mer toujours inassouvie et toujours assouvie, les délaisse un long moment ; mais elle revient les prendre, amoureuse brutale et terrible. Souvent aussi, elle se rapproche lentement au son d'une longue musique, roulant sur l'or des myriades d'opales. Elle vient, et puis elle s'en va, chantant les couplets du désir. De nouveau elle fuit, et revient bien vite. Elle entraine enfin les petites coquilles roses, les roulant doucement dans sa mousse neigeuse, avec des caresses de courtisane. Elle les engloutit dans ses petites vagues, frétillantes, avides comme ces lèvres toutes humides, qui, dans le silence, s'appellent, se convulsent et s'enveloppent, se retirant et se redonnant encore, s'abandonnant toujours et se reprenant pour se livrer encore et toujours. — Ah ! d'Antan, apprenez que l'obstacle irrite le désir comme les digues et les écueils irritent la mer. Négligez donc les passions. Le désir les emporte comme la mer enlève les petites coquilles roses, violettes, rouges, noires, blanches et jaunes. Laissez l'homme... laissez-le... afin qu'il s'apaise... Alors vous verrez son intelligence dégagée des passions s'élever plus haut, et toujours plus haut, rapide comme la colombe qui fuit la tempête. Ah ! le moraliste ne peut comprendre l'apaisement... l'apaisement libérateur... par l'assouvissement du désir.

D'Antan. — Il m'impressionnerait, ce monstre, si j'avais encore vingt ans... Il parlerait toute la nuit si je ne l'arrêtais.

Vous encensez le désordre, malheureux, fêtez l'anarchie. Vous plongez l'humanité dans un bourbier, vous ne comprenez pas que l'ordre est une nécessité et que le désir engendre l'ignominie. Par amour d'un lendemain que vous ne connaissez pas, vous détruisez l'acquis que vous pourriez connaître cependant. Si le désir est une fièvre, la morale chrétienne connaît le remède.

Derouge. — Il est sage de préférer l'inconnu au connu que l'on abhorre, l'inclination de la nature à la morale des religions bannies. D'ailleurs, votre ordre est une utopie, parce qu'il entrave la lutte et que la vie est une lutte. Pour l'homme, elle implique la nécessité du moindre effort. Cette tendance est l'idée forte qui soutient la civilisation, La morale traditionnelle accumule les efforts sur les efforts. Elle brise l'homme en l'obligeant à réagir constamment sur ses inclinations naturelles. Elle crée la lutte intérieure, cette lutte vaine et douloureuse contre la nature. Dans les profondeurs de l'être, votre morale agit comme une mégère aux serres d'aigle. Elle y brandit le tison du remords, et va chercher la conscience pour la livrer à son digne bourreau, le scrupule. Votre morale est morbide.

D'Antan. — Mais vous savez bien que l'homme livré à ses désirs est un monstre.

Derouge. — C'est par l'inclination que l'homme est lié à la nature. La notion du bien consiste à ne pas s'en séparer et, bien plus, à s'élever par elle. Votre morale d'Antan intervient constamment comme pour anéantir l'homme dans son milieu. Tout être doit cependant chercher à s'harmoniser avec lui. Voilà ce que l'antiquité comprenait si bien ; voilà l'idéal naturel que le christianisme a détruit. Méfiez-vous, la nature se venge contre les atteintes qui lui sont portées. Ses lois sont plus absolues que votre Idéal et, sur votre morale, elle prend de terribles représailles. Vous défendez à l'homme de jouir de la vie, bien ; mais vous oubliez que le refoulement d'un désir déchaîne la fourberie, le mensonge, l'envie, l'hypocrisie. Le bourbier, le voici, mon ami, et c'est vous qui l'étalez parce que votre morale creuse son lit. Qu'importe si l'homme étouffe ses désirs, dès lors qu'il leur substitue cette aigreur malsaine qui devient le fond du caractère des natures faussées. Ah ! la franchise naïve et grossière de l'animalité n'est-elle pas préférable à l'hypocrisie de votre homme civilisé. Vous m'accuserez de rabaisser l'homme à l'animal. Je vous répondrai que je le relève ainsi. Oui, l'homme est un animal, mais un animal artiste, fils soumis et amoureux de la vie. Vous l'empêchez de rester un artiste en lui refusant le droit de vivre l'amant de la beauté, et vous en faites un méchant parce que vous en faites un comprimé.

L'homme sort de la fange comme le feu follet des marais. Laissez-le s'élever peu à peu au-dessus des miasmes. Cessez de l'étreindre continuellement dans les mailles de vos principes. Enlevez le filet devant le vol de l'oiseau. Vous le verrez s'élever avec vigueur au-dessus des pestilences de la fourberie, du mensonge et de l'envie.

Ce que, par commodité de langage nous appelons la vie spirituelle, d'Antan, est une longue série de plans superposés. On y peut découvrir des lacs de moins en moins boueux. L'esprit, cet oiseau d'eau trouble ou d'eau de source, peut y trouver des nappes de plus en plus transparentes. Abandonnez les eaux boueuses à ceux qui préfèrent les miasmes ; ils ont le vol trop pesant pour s'élever. Quant aux autres, laissez-les voler paisiblement toujours plus loin. Ils ne savent pas où ils vont, mais ils volent. Soyez sûrs qu'ils seront entraînés sans votre secours par des courants mystérieux au bord des lacs limpides. Dans ces glaces ils refléteront leur plumage de colombe comme l'intelligence se mire dans une conscience pure.

La sélection des esprits se fait comme celle des êtres, par leur valeur naturelle. Les désirs vils tuent les êtres inférieurs ; ils les précipitent dans les marais. Les intelligences élevées se dégagent d'elles-mêmes. Leur valeur assure leur essor comme les ailes le vol des oiseaux. Elles attirent les autres, et l'humanité s'élève ainsi peu à peu.

La pureté vit de la sincérité. Il faut seulement la voir et la comprendre.

La morale la voit et la tache.

La sincérité vit par elle-même, votre morale la refoule et l'abîme dans la réflexion : votre morale est un juge odieux qui entrave la pureté naturelle. Il remplace la sincérité, véritable attribut de l'intelligence, par la vertu, fanfaronnerie des esprits timorés. Oui, mon ami, vous ne pouvez me suivre parce que la morale traditionnelle empêche de comprendre la nature qu'elle confond avec la perversité.

D'Antan. — Ah ! docteur Sérénus, vous êtes satisfait. Il s'est tu enfin ! Il vous a montré la floraison des graines de votre libéralisme. Voici jusqu'où peut aller le paradoxe ! Tel est bien l'esprit moderne, l'esprit radical de destruction, activé par la haine du christianisme. Oui, les ruines s'accumuleront sur les ruines... mais à la longue, de petites fleurs pousseront çà et là parmi leurs amoncellements. Leur parfum délicat encensera le passé et non le renouveau. Alors l'éternelle espérance surgira encore dans la débâcle comme les petites fleurs mauves au milieu des ruines. La vigueur de l'espoir, avec la foi renaissante, ranimera enfin l'humanité terrifiée, comme le printemps qui réveille la nature et fait sortir chaque année les petites fleurs mauves entre les vieilles pierres. Les civilisations s'écroulent l'une sur l'autre ; cependant, chaque soir, le soleil rougit les ruines avant la nuit. On dirait l'éternel défi de la lumière aux ténèbres. Ah ! mes amis, jour et nuit, vérité et erreur, bien et mal, vie et mort, bonté et méchanceté, voici la vie !

Malgré vous, Derouge, les hommes se réfugieront toujours autour de la vertu et redouteront la nature. Ils aspirent au jour et fuient les ténèbres. L'humanité a fait la synthèse du bien qu'elle adore en Dieu. La science et l'art ne changent pas l'esprit qui aspire à Dieu, lumière éternelle, comme le corps aspire au soleil, lumière furtive.

***

Dr Sérénus. — Oui... brave d'Antan... je vous comprends... parce que je vous connais... et je vous connais parce que le sentiment esthétique ne m'est pas étranger. Il unit les hommes malgré leurs croyances opposées. Peut-être ne sont-elles que les détours de voies qui atteignent le même but. Certes vos idées sur la vie sont aux antipodes de celles du farouche Derouge. Si je sonde cependant vos pensées je les trouve actionnées par un même sentiment, celui d'un Idéal. Il diffère chez l'un comme chez l'autre, c'est entendu... mais l'origine de l'impulsion est la même, la réaction de vos aspirations contre un état de choses que vous condamnez.

D'Antan. — Mais enfin, qu'entendez-vous par Idéal ?

Dr Sérénus. — La source de nos inclinations est aussi mystérieuse que notre origine. On peut distinguer cependant une impulsion indéfinissable qui se transforme peu à peu en aspiration déterminant enfin une direction de pensée. Cette tendance de notre être psychique vers un rêve de vie plus élevée s'active par la volonté dans une orientation précise. C'est ainsi que, mue par le sentiment profond de l'Idéal, notre volonté extériorise en quelque sorte notre pensée. Voici, mon ami, l'Idéal. Il est subjectif en tant que tendance réelle. L'Idéal peut, selon la personne, être la notion d'un but déterminé et devenir objectif, ou bien être une tendance indéterminée et rester subjectif, Notre esprit fixe ses aspirations d'après ses aptitudes. Leur élévation répond toujours à la valeur de l'âme. Ne mesurons-nous pas la richesse d'une nature d'après la générosité de ses aspirations ? La grandeur d'un caractère ne dépend-elle pas de la profondeur des sentiments, et, oui d'Antan, de l'orgueil aussi lorsqu'il puise en lui le vrai désintéressement par le mépris de tout intérêt mesquin. C'est dans la profondeur de l'âme qu'il faut laisser l'Idéal, trésor de la personne, source de toutes les forces qu'il faut souhaiter intarissables et ne jamais troubler. Il faut plaindre ceux qui ne savent pas trier les désirs selon leur dignité... ils étouffent le sentiment de l'Idéal... Voici l'écueil du matérialisme. Il ravale l'esprit. Il empêche, de la sorte, cette noble sélection toujours activée par le sentiment de l'Idéal, qui, malgré tout, puise sa grandeur dans la pensée. Les méthodes qui donnent à l'esprit un attribut prépondérant évitent cet écueil facilement.

D'Antan. — A la condition d'avouer la conscience. Elle est pour vous le point de départ de la pensée. Soit. Mais que faites-vous de la conscience morale, c'est-à-dire de ce sentiment d'une ligne de conduite élevée digne d'un Idéal ?

Dr Sérénus. — Cette conscience qui est, en effet, la conscience morale, réside, d'Antan, dans ce jugement naturel, conséquence forcée du sentiment de l'Idéal. Elle se présente comme le reflet de nos aspirations. Vous avez le droit de lui attribuer le sens moral. Mais, ne vous lancez pas dans la psychologie ; nous irions trop loin. Il nous suffit de faire ressortir le sentiment de l'Idéal.

Derouge. — Non, cela ne suffit pas. Il vous faut établir ce soi-disant sens du droit si vous voulez que l'Idéal subsiste.

***

Dr Sérénus. — La tendance de nos aspirations vers un Idéal, entraîne une opposition non moins vive à toute menace. Faites-y bien attention : voici l'apparition du sentiment des justes revendications de la personne. Nous pouvons considérer ce sentiment de nos droits comme le fondement de la morale individuelle aussi bien que celui de la morale sociale. Lui seul, peut déterminer l'accord entre l'individu et la société parce qu'il explique leur relation. Mais, point capital, on oublie que cette valeur légitime du droit que nous nous efforçons toujours de conserver dépend surtout de la force de conviction. Il faut donc la respecter ; elle est ce moule moral du caractère où se forme la virilité. Eh bien ! ce respect d'une conviction est le fondement du sens du droit. Le sens de l'Idéal, point d'appui de la force d'un caractère doit ainsi être sacré.

D'Antan. — C'est justement la tolérance de la diversité des convictions qui déchaîne les guerres civiles.

Dr Sérénus. — Il est attristant de constater que les hommes pour se défendre les uns contre les autres en arrivent à se déchirer. S'ils avaient cependant la juste notion de la légitimité et de la nécessité de l'Idéal personnel, ils pourraient estimer la légitimité et la nécessité de l'Idéal adverse. Dès lors, ils consentiraient à abandonner à autrui son bien propre, exigeant seulement la même riposte de respect. Le seul moyen d'entente serait de réserver définitivement les sphères de l'Idéal au domaine de la conscience, et de les fermer aux recherches positives devant se rapporter à l'intérêt général. — Oui, mes amis, j'estime que si les hommes puisaient dans la profondeur même du sentiment d'un Idéal élevé le respect des aspirations d'autrui, ils pourraient rester unis devant l'action objective, action n'ayant trait qu'aux intérêts communs d'un ordre immédiatement pratique. Les hommes resteraient toujours désunis par leur Idéal, ce qui sauvegarderait leur liberté, mais ils resteraient unis dans les questions d'intérêt commun, union qui sauverait la solidarité.

D'Antan. — Jamais je ne respecterai un Idéal de destruction pratique et de paganisme.

Derouge. — Jamais je ne respecterai un Idéal d'asservissement.

Dr Sérénus. — Que désirez-vous tous deux avec la même ardeur, si ce n'est l'amélioration spirituelle et matérielle des conditions de l'existence humaine? Vous, d'Antan, concevez la vie comme enserrée dans les tutelles de la morale chrétienne. Selon vous l'esprit a besoin des hautes échasses offertes par la morale catholique pour traverser la vie aperçue comme un marais fangeux... cependant qu'au loin vous pressentez un avenir de béatitudes.

Pour vous, Derouge, la conception chrétienne de l'existence est un bandeau noir qui obstrue la pensée. Vous l'accusez d'empêcher l'homme de voir la vie sous son vrai jour : un champ de fleurs, dont les couleurs vous attirent, dont les parfums vous délectent. Vous appelez inclination l'harmonie d'une impulsion avec les forces de la nature. Vous aimez lui obéir avec l'abandon de la maîtresse à son amant. Et puis, vous faites place à l'Idéal spirituel ; peu à peu sur les gradins de la sensation échelonnés dans les coloris des horizons, vous apercevez comme dans un mirage l'élite des hommes s'élever, oublier les parfums et les tonalités des fleurs pour les eaux limpides.

Allons donc, vous le voyez bien, vous appuyez vos raisonnements sur une morale. Dites que vous n'admettez pas celle du passé. Je ne discuterai pas votre droit. Mais reconnaissez que vous souhaitez une direction de conduite générale. Je vous la précise. Vous appelez la morale de la nature et vous avez confiance dans ses forces pour élever l'âme humaine.

Derouge. — Elle n'existe pas. Je ne comprends pas plus le sentiment de confiance que celui de méfiance. Puisque vous m'obligez à parler des questions oiseuses de la morale, je pense seulement que le paganisme comprenait la vie parce qu'il vibrait par elle. — Cependant les sociétés modernes ont besoin d'une direction précise dans une voie neuve. Si cette direction doit être appelée une morale, peu m'importe. La mienne consiste à attaquer par tous les moyens possibles la société bourgeoise actuelle, à détruire surtout son esprit et ses lois, ses tendances si néfastes enfin partout et toujours. Notre but est net et définitif.

D'Antan. — L'imagination des destructeurs, produit de la vanité, éclabousse en vain la morale chrétienne, comme les flots en courroux les roches de ma Bretagne. Nos pensées diffèrent comme le roc des eaux.

Derouge. — Les eaux rongent le roc. Elles couvraient le globe et la vie en émane. La nature est notre mère, et la matière sa fille. Nous en sortons. Elle nous reprend malgré nous et jongle avec nos forces mentales.

Dr Sérénus. — Vous le voyez bien, qu'il s'agisse de forces naturelles ou spirituelles, vous vous inclinez devant une volonté impérieuse : celle de votre Idéal qui implique celle de sa défense.

Que ce soit par l'abstinence ou par la jouissance, pour vous deux, le but tant souhaité est le même : la quiétude de l'âme dans le bonheur. Mais d'où vient votre ardeur dans la volonté de protéger votre façon de concevoir la tendance au meilleur ? Cherchez bien, et vous verrez qu'elle provient toujours de la réaction d'un sentiment de conservation contre une menace de destruction. Désireux chacun de conserver vos croyances vous vous acharnez à détruire celles qui leur sont opposées. Vous le voyez donc, cette position naturelle de défense est le résultat logique du sentiment légitime de vos droits. Cependant, si vous vous donniez la peine de juger la raison de ce droit, elle vous ferait en même temps mesurer la légitimité du droit d'autrui.

D'Antan. — Vous faites des raisonnements surhumains.

Dr Sérénus. — Je touche au point délicat. En effet, la notion même de la légitimité de notre croyance nous oblige d'établir définitivement la nécessité radicale de notre droit de penser. Ceci posé, vous est-il permis de n'attribuer qu'à vous seul celui de la liberté de penser? La justice refuse de répondre. Remarquez-le, c'est dans la notion élevée de la justice, au détriment de votre égoïsme, que vous trouverez celle du respect d'autrui. C'est lui qui, devant votre conscience, oppose une légitimité de conviction non moins absolue que la vôtre. Vous n'avez pas le choix : il faut le respecter ce droit de conviction, et laisser parler la justice, ou bien le narguer et faire crier l'injustice. Vous pouvez alors reconnaître que l'individualisme, procédé de défense du droit individuel, peut être considéré comme le bouclier protecteur de la justice, et, ce sentiment se présente bien comme la synthèse véritable de la morale qui apparaît désormais comme une ligne de conduite très simple, tracée dans l'intérêt général. Ainsi compris, le sentiment naturel du droit ne peut devenir un système de despotisme, puisqu'il se limite lui-même par la logique de la notion intrinsèque du droit. Dans ce sens, le droit devient la notion générale de la vie. J'appelle, mes amis, cette conception juste de la vie fixée par la notion des droits de l'homme, le libéralisme, ou, si vous voulez, l'intelligence véritablement humaine de la morale.

Derouge. — Surhomme vous êtes, excellent docteur. Sans vous en douter, vous planez au-dessus de nos mesquineries et vous confondez l'homme réel dans une humanité inventée par votre esprit idéaliste. Le jour où les hommes auront la conception du droit que vous venez de formuler, ils ne seront plus hommes. Abandonnez la planète des demi dieux. Dans nos civilisations bourgeoises, les hommes sont moins que des hommes : ils sont de malheureux asservis à des bandes oligarchiques de ploutocrates. Bouleversons d'abord l'ordre infamant des choses existantes. Ensuite nous parlerons de justice. Mais pour le moment détruisons au nom de ce sentiment qui n'existe pas, afin de préparer son règne définitif. D'ailleurs, vous l'avez dit; la vie est synonyme de lutte. Il est donc inévitable qu'une intelligence éprise d'un Idéal cherche par tous les moyens possibles à détruire celui qui lui est opposé. Oui, vraiment, d'Antan parle juste lorsqu'il vous traite d'utopiste.

Dr Sérénus. — J'ai tenté de vous démontrer qu'il était possible de concilier le sentiment de l'Idéal avec le principe de la vie, celui de lutte : il suffit de comprendre sur quel terrain la lutte pour la vie peut se produire sans nuire à la pensée individuelle. D'ailleurs les réformateurs en morale ont toujours été rangés parmi les utopistes. Je m'y laisse classer de bon gré.

L'utopie consiste cependant à voir toujours le principe en dehors et au-dessus du milieu : la vérité doit le rendre applicable par son harmonie avec le milieu.

Derouge. — Oui, si les principes étaient autre chose que des inventions dues à l'imagination fantaisiste des moralistes. Mais je vous ramène au sujet, je persiste à soutenir que votre notion libérale du droit est incompatible avec celle de la vie.

Dr Sérénus. — Oui, je sais. La vie est une lutte encore plus active dans les sphères occultes de la pensée que sur le terrain visible de l'action. Mais cette lutte intense se fait devant un juge que vous avez le grand tort de négliger. Je nomme l'opinion. Vous ne pensez, vous autres, hommes d'action, qu'à terrasser votre adversaire, toujours persuadés que la victoire restera au plus fort. Pourtant l'opinion assiste à la lutte et souvent elle se rallie au plus faible. C'est que la victoire est toujours le produit artificiel d'un acte politique, acte passager. Allons, lutteurs modernes, vous ne cherchez pas à vaincre par l'idée, que vous méprisez, mais par l'intimidation qui vous semble plus efficace. Vous n'êtes pas guidés par la morale, mais par la politique. — Méfiez-vous cependant. Une force psychique, occulte et mystérieuse guide l'opinion. Les hommes d'action, plus fanfarons que réfléchis, refusent d'en tenir compte. Prenez garde, le bon sens humain dénoncera un jour la présomption de ceux qui se croient maîtres de l'idée. Ils ne savent pas que c'est elle qui dirige l'opinion malgré la politique. Un jour viendra où l'individu conscient substituera le sens du droit au sens vulgaire de l'action intéressée.

Derouge. — Fichtre ! Lorsque la pensée descend des nuages, elle foudroie !

***

D'Antan. — Ah! oui..., l'individualisme dans l'imagination du Dr Sérénus peut être séduisant. En réalité, ce système est la négation de la morale, parce qu'il néglige le devoir, supprime la règle et la discipline de soi. Je ne saurais trop vous le répéter, l'individu n'a de droit qu'en raison de ses devoirs.

Dr Sérénus. — Le devoir, mon ami, résulte de l'intelligence logique de nos droits. Le sens du droit est l'expression active du juste. Il me semble que le devoir émane de la justice. Que serait-ce s'il n'en était pas l'expression? Une tyrannie ou bien une hypocrisie. Comprenez le droit, et le mot devoir s'impose de suite. Je ne vois pas la nécessité d'une morale générale du devoir lorsque le droit est logiquement entendu. Il se présente alors comme une ligne de conduite qui peut être adoptée par cette conscience même de la personne que vous réclamiez tout à l'heure. Elle peut le distinguer parce qu'il permet d'harmoniser un acte avec l'Idéal du bien que possède une nature élevée. J'estime que l'entendement du droit qui devrait édifier la notion de morale est autrement plus efficace qu'un vague sentiment dogmatique du devoir que vous assignez au nom d'une morale absolue, soit, mais brutale en face de l'homme. La personne se fixe son devoir d'elle-même, spontanément, pour peu que le sentiment de l'Idéal éveille son activité psychique. Et puis, mon ami, la vraie discipline est donnée par la compréhension du juste. Il faut d'ailleurs aimer un devoir et non se l'imposer. Les belles natures s'engagent d'elles-mêmes dans la voie du bien. Je ne vois pas la nécessité de vos coups de cravaches. Le gendarme, dont la justice devrait se servir plus efficacement, est là pour les mauvaises natures. L'Idéal, lui, n'est pas fait pour terroriser : il ne sait qu'attirer.

D'Antan. — Ainsi donc, vous supprimez le prestige de l'absolu en morale.

Dr Sérénus. — Je ne supprime rien. Je vous l'ai déjà fait comprendre, je me borne à scinder l'ancienne morale en deux parties distinctes, la morale individuelle et la morale sociale. La première ne regarde que la personne : elle se rapporte au sentiment de l'Idéal et précise son droit. Il appartient à la personne responsable ainsi devant sa conscience, d'adopter la ligne de conduite conforme à sa nature psychique et physique. C'est à elle seule à se fixer des devoirs si vous tenez à ce mot. Ici que le rôle des religions apparaît comme une nécessité morale et sociale, car les hommes qui peuvent avoir le sentiment du devoir sans leur secours sont une minorité infime. La science ne peut songer à entrer dans ce domaine privé : elle se contente de reconnaître la logique du droit personnel : c'est vous dire qu'elle est respectueuse du sentiment religieux.

Dans la seconde, je remplace la notion du devoir par celle de l'altruisme. Entendons-nous sur ce mot. Il peut être compris dans le sens communiste ou dans le sens individualiste. J'estime ici que le sentiment du droit est celui de la possession légitime d'un objet ou celui de la responsabilité d'un acte. J'y perçois ainsi le sentiment de la détermination libre d'un geste. Le droit donne ainsi le sens de la liberté. Cependant le sentiment de la justice en tant que revendication logique du droit d'autrui sur celui de la personne, vient limiter l'application intégrale du droit individuel. Nous avons donc ici deux droits en présence : le droit de l'homme avec sa liberté ; les droits de ses semblables avec leur défense. C'est leur rapport qui fixe l'altruisme comme limite naturelle des droits de la personne. Voici le libéralisme. Vous accusez l'individualisme de le détruire en lui substituant l'égoïsme. Telle est l'erreur habituelle des esprits qui ne se donnent pas la peine d'approfondir l'individualisme. Il rend au contraire le libéralisme efficace en lui donnant un appui solide : le respect du droit d'autrui, et, voici, mes amis, le germe de la générosité. Et, puisque la notion de ce noble sentiment résulte de l'intelligence des droits de l'individu, il n'est plus permis de présenter l'égoïsme comme la conséquence de l'individualisme, car, tout change si cette façon de concevoir la morale est logiquement entendue.

D'Antan. — Jamais, l'individualisme ne fut conçu de cette façon subtile. Les hommes n'en auraient jamais voulu.

Et puis vous êtes admirable ! Hypnotisé par vos rêveries vous persistez à négliger l'homme. Décidez-vous à observer et vous le reconnaîtrez incapable d'avoir une conception de la justice par lui-même. L'homme est un être faible, entouré de mille et mille tentations qui risquent à tous moments de le transformer en brute. Son évolution naturelle le pousse sans répit dans le sillon de l'égoïsme. D'instinct, l'homme pense à lui, à lui toujours : la nature veut qu'il soit l'esclave de son moi. Voici pourquoi la morale chrétienne qui tient constamment devant la conscience un miroir fidèle montre au « moi » ce qu'il est, et ce qu'il doit devenir. Elle seule peut indiquer à la conscience sa vraie voie. Allons, Dr Sérénus, l'intelligence du droit est précisée dans l'Evangile par le sentiment du devoir et vous n'ajouterez rien à cette morale sublime.

Dr Sérénus. — Je n'y ajouterai rien en effet. Il m'est permis cependant de la divulguer en détaillant et en précisant le sentiment de la justice.

Derouge. — Les yeux de l'ami d'Antan sont clos par la main de Dieu... ! En ne considérant que le droit individuel le Dr Sérénus a raison. Mais ce droit n'existe plus comme tel dans la société puisqu'il s'y montre toujours comme le prétexte de l'écrasement du faible par le privilégié. Votre conception du droit engendrerait les mêmes maux que celle de nos lois. Elle serait toujours conçue par une classe riche au détriment des masses. Placez-vous donc au point de vue social si vous voulez rester sur le terrain de la justice. Or, socialement, il n'y a qu'un seul droit, celui du travail, celui du droit à la vie. Il n'existe pas dans nos sociétés bourgeoises. Voici pourquoi il est urgent de les détruire et, ceci, au nom de la justice, au nom de cette morale que vous invoquez à tout propos. D'ailleurs, votre individualisme n'est pas une psychologie mais une conception dynamique de la morale. Méfiez-vous, séparer l'individu de son milieu est une utopie. Les parties dépendent du tout et ne sauraient être conçues séparément.

Dr Sérénus. — La justice sociale telle que vous la concevez est une illusion. Il ne s'agit pas de concevoir les parties en dehors du tout. Il est simplement question de viser à la prospérité du tout par la force des parties, parce qu'il n'est pas d'autre moyen de parvenir à cette prospérité du tout qui réaliserait la justice sociale. Voici, mon ami, le seul but de l'individualisme qu'il faut, en effet, comprendre comme un système dynamique de morale sociale et non comme un système de philosophie. Pour l'individualisme la morale sort du domaine pur de l'Idéal réservé désormais à la conscience pour demeurer sur celui de l'action. Elle se rapporte définitivement aux relations des hommes. L'individualisme démontre la logique et la nécessité du droit de la personne, tout en maintenant l'individu en rapport avec son milieu par la compréhension des droits de ses semblables. L'individualisme recherche les principes d'harmonie des liens sociaux, les principes de solidarité. Il donne scientifiquement le sens du bien possible, parce qu'il remonte des faits profondément analysés à leurs lois générales, et des effets méthodiquement observés aux forces qui les produisent. L'individualisme s'accorde ainsi avec la science, puisqu'il est nourri de sa méthode.

D'Antan. — Bon, voici de nouveau votre relativisme qui vient détruire vos théories qui avaient cependant une apparence d'efficacité.

Dr Sérénus. — La science est le fruit de la pensée. Elle nous apprend ce qui lui paraît être et non ce qui doit être. C'est dans la conscience positive de ce « paraît être » qu'il faut aller chercher l'absoluité et non dans un rêve d'absolu. Comprenez que la science est absolue dans sa méthode et non dans ses affirmations. La science a sa morale, celle de la sincérité de ses observations et de ses analyses devant les faits. Elles lui permettent, seules, de faire une synthèse admissible. Reconnaissez, d'Antan, la sublime beauté de la méthode scientifique malgré sa glaciale apparence. La poésie n'existe pas seulement dans les fleurs et les tonalités. Ne la voyez-vous pas aussi dans l'imposante simplicité des lignes. Observez leurs majestueuses proportions. Etudiez ainsi les impressionnantes recherches de la science, et vous resterez frappé par l'harmonie générale de la pensée et de la forme, de l'esprit et de la nature. Etes-vous bien sûr que si la science a le droit de réclamer un certain attribut de poésie au nom de sa grandeur, elle n'est pas obligée de s'incliner à son tour devant la Beauté. Allez, mes amis, sondez les choses, et vous verrez que malgré les divergences de croyance et d'opinion, malgré les divisions que la pensée détermine par ses conceptions variées, l'esprit est obligé de tout ramener à l'esthétique, dernière synthèse véridique de la connaissance.

D'Antan. — La connaissance! Mais nous avons des connaissance qui s'opposent.... avec quelle vigueur!

Dr Sérénus. — Vous vous querellez, et cependant vous êtes unis par la notion du sentiment de l'Idéal. C'est que, mes amis, l'esprit ramène toute chose à la beauté parce qu'il la porte en lui. Le sentiment de la beauté est l'essence de l'homme; attribut de lumière, il peut devenir astre par ses intentions. Il se reflète sur les objets qui lui renvoient toujours ses rayons indéfiniment enrichis. Ah! mes amis, l'âme, cette merveilleuse synthèse si vibrante de notre sensibilité émotive n'est pas et ne sera jamais l'instrument de l'intelligence, cette autre synthèse de nos aptitudes inventives. Le pressentiment de l'Idéal est certainement plus actif chez les hommes dont l'intelligence est subordonnée à l'âme. Ceux-ci rayonnent une force psychique dont les autres sont dépourvus. Je suis de ceux qui estiment que la force psychique qui peut s'objectiver parfois dans le caractère vient de l'âme. Je vais jusqu'à croire que l'intelligence est développée par elle comme le bourgeon est ouvert par le soleil; et je pense que l'émotion est la sève qui ravive toujours notre entendement. — Mais, que voulez-vous, surtout parmi ces hommes si fiers de leur grande intelligence, il est facile de remarquer des êtres presque totalement dépourvus d'âme. Leur nature sèche est privée des antennes délicates de la sensibilité. Ils sont dépourvus de sa boussole sûre et subtile. Lorsqu'ils ne sont pas initiés à la science, lorsqu'il s'agit d'hommes habitués à l'action brutale, ces hommes ont besoin d'un guide; la morale est le plus efficace. Pourquoi donc la supprimer, Derouge, puisque son utilité est un fait ? Comme d'Antan vous généralisez des principes justes pour une minorité. Mais, halte-là. Les antennes de la sensibilité ne suffisent pas. Elles ne se maintiennent pas toutes seules dans la direction qu'elles recherchent. Oui, certes, notre sensibilité est complexe. Mais une direction est imprimée au sentiment de l'Idéal malgré la confusion originelle. Réfléchissez, Derouge. Vous avez supprimé l'intention. Méfiez-vous. En défendant la visée d'un but généreux, vous tarissez une source de force. L'intention dirige nos inclinations que vous abandonnez trop légèrement à nos instincts. Elle en fait des aspirations, elle en fait le sentiment de la beauté parce qu'elle les édifie sur la générosité. L'imagination y puise le sentiment de l'art, et la pensée celui de l'Idéal. Le sentiment de l'art s'harmonise avec celui de la vie, comme l'esprit avec la matière, dans une mobilité continue de croissance constante. Etudiez, en même temps que l'action des forces naturelles, les rapports des sentiments, les relations des connaissances aussi, afin de comprendre la tendance générale. Vous mesurerez alors les valeurs diverses des forces qui agissent entre les hommes et les choses. Oui, Derouge, c'est par nos aspirations psychiques, mais non par nos inclinations naturelles, que l'esprit est lié à l'univers. C'est par la volonté que l'homme met son esprit, en relation avec les forces psychiques qui sont peut-être l'ambiance de la vie. — Eh ! bien, oui, abandonnez-vous à vos inclinations. Ceci ne regarde que vous. Prenez garde seulement. Si vous leur sacrifiez la volonté, votre esprit s'abimera dans le néant. Vous avez confiance, je le devine, dans les forces de la nature. Je vous approuve. Mais encore faut-il la possibilité que la personne se dirige, au lieu de s'abandonner comme une chose morte. Une barque actionnée par un moteur suit un courant avec plus de sûreté qu'un soliveau. Elle évite l'échouement qui est réservé aux simples épaves. Pour l'abandon vous supprimez l'action : voici votre grave erreur. — Il est une grande vérité que vous ne changerez pas : l'homme agit et s'élève par la volonté. Devant elle, le désir est une bien petite chose. Prenez garde, si vous la négligez, cette force, il n'y a plus d'homme. La possibilité de tendre vers le meilleur est perdue. La virilité est morte. Il ne reste plus qu'une pauvre matière flasque comme ces méduses transparentes qui se laissent mollement déposer sur les plages : elles languissent piteusement en attendant que le soleil les dessèche. — La volonté se détourne avec mépris de votre précieux assouvissement. Elle ne connait point le répit. Le héros n'a pas le temps de s'endormir sur les divans parfumés. Si le corps se repose, Derouge, la volonté l'ignore. Les passions sont pour elle semblables à ces petites sucreries que l'on suce en marchant. Notre volonté nous lie à nos aspirations qui nous dégagent de la matière et l'espoir, fanatique païen, se forme à leur contact malgré nos inclinations qui nous y rattachaient. Notre volonté consolide nos aspirations et réprime nos inclinations parce qu'elle en reste maîtresse. Son rôle fait comprendre toute la portée individuelle et sociale de la morale. Allons, Derouge, enfant, vous avez négligé le caractère et vous avez méconnu l'homme. Vous avez oublié aussi que l'espoir jaillit, plus tard, fécond, par l'amour. Beauté des choses, voici le bilan de la nature. Grandeur de l'amour, voici le bilan de la pensée. Esthétique, voici leur synthèse. La faire comprendre, tel est l'acte noble de la sagesse.

Pensez au soir : voyez à l'horizon flamber le soleil, et la lune percer doucement le crépuscule. Songez en même temps à l'idée : vous la verrez rayonner, puissante, comme le soleil dans le jour, ou bien, luire, enveloppante, comme la lune dans la nuit. Ah ! mes amis, l'univers se voit comme une agglomération d'astres et comme une constellation de pensées.

***

Derouge. — Vous m'attristez, docteur Sérénus. Je vous avais cru libéré du christianisme, ce cataclysme moral. Vous en restez tout imbibé. Quant à moi, païen je suis : comme tel, je m'incline devant Aphrodite la déesse des artistes grecs. Ils virent la Vierge divine naître et grandir dans la blanche écume de la mer de Chypre. Ils la contemplèrent lorsqu'elle aborda la côte, cependant que sous ses pieds rosés comme des coquillages, croissait une merveilleuse végétation. Dans la splendeur de sa virginale beauté, son corps nacré ruisselait encore l'onde salée, le soleil parait sa sublime-nudité, et, sur le sable blanc elle tordait sa chevelure d'or. Je me mets à genoux devant sa splendeur. Je la vois sourire à mes désirs. Je les lui offre comme un holocauste de la vie à la beauté, de la volonté humaine à l'esthétique de la nature.

D'Antan. — Et dans la beauté vous saluez la barbarie. L'instinct de l'homme est le chancre qui le ronge. Vous voulez que la nature, ce fumier dont nous devons nous dégager, soit toute l'esthétique. Vous rejetez ainsi les aspirations morales dans la fournaise des désirs sordides. Oubliez la vie par la nature ; moi, je salue la force de caractère dans l'esprit de sacrifice. Louez nos vices innés ; moi, j'appelle le rachat et l'éveil de nos âmes par le renoncement. Réjouissez-vous de la France moderne ; moi je pleure sa décomposition morale. Mais vous ne vous entendrez pas longtemps sur le choix d'une ligne de conduite ; vous ne pourrez jamais vous unir par une conception de la vie. Il n'est qu'un seul moyen d'entente, celui de la discipline chrétienne et vous refusez de l'admettre. Depuis des siècles l'Evangile en donne la loi. C'est à cette discipline, mon ami, que mon esprit se soumet ; c'est sur elle qu'il fonde ses espoirs. En fait d'idéal, je crois en Dieu. Vous tous, ne croyez qu'au fatal gâchis. Là dessus nous sommes d'accord.

Dr Sérénus. — Les idées, cher d'Antan, sont aussi différentes par leur direction que les fleurs par leurs couleurs. Il faut en prendre votre parti. Cependant, des fleurs dissemblables poussent souvent côte à côte sur un même terrain. Les massifs ne nous présentent-ils pas le spectacle exquis de couleurs dont la variété fait le régal des yeux ? Mais il faut que le terrain soit fertile. Croyez-moi, la compréhension plus large de la nécessité permet seule aux idées de se développer. Elle détermine leur essor comme la fertilité d'un sol favorise la vigueur des sèves. Elle inculque enfin et surtout le respect de cette liberté psychique qui ressort de l'ordre naturel des choses. A quoi bon se révolter contre l'inévitable diversité des Idéals ? Il est préférable de reconnaître que l'intelligence de la liberté assure aux idées cette fécondité dont les civilisations vivent. La diversité des idées est toujours l'effet naturel de la force psychique d'un peuple. Il est seulement nécessaire que l'idée puisse atteindre les personnalités éparses auxquelles elle doit s'adapter. La variété des conceptions de l'Idéal que vous appelez gâchis vient au contraire de la vitalité d'une nation. Et puis, d'Antan, la divergence des croyances a une limite. N'oubliez pas le bon sens français. Rappelez-vous qu'un juge intéressé assiste avec calme au déroulement de croyances opposées. Je vous dévoile l'opinion. Que vous le vouliez ou non, elle choisit lentement parmi les buts que les chercheurs de voies lui désignent, puis elle se décide, change, renonce, attend, se lasse et demande encore, telle une coquette avide de nouvelles parures. Cependant, l'opinion française est une coquette utilitaire. Le bon sens lui indique toujours au moment propice la mauvaise qualité de telle ou telle étoffe. Ne nous obstinons pas à deviner les décisions de cette souveraine dédaigneuse de nos efforts, mais travaillons pour elle sans relâche. Laissons surtout parler notre conscience, laissons la parler par ordre de la Beauté. N'en voulons pas à l'opinion de ses cruelles injustices. Elle n'est pas libre. Elle obéit à la destinée. Pouvez-vous dire ce qui se passe derrière un coucher de soleil ? Préparons-nous plutôt à saluer son retour. Renonçons à prédire les tonalités de ses reflets sur les choses. Ne défions pas l'avenir. Songeons au présent. Voyons l'univers comme un composé de nuances infinies dans leurs variétés et leurs miroitements, mais apparaissant dans un horizon immuable. Adorez cet horizon, d'Antan, puisque vous voulez le préciser. Appelez le cause, puis Dieu. Mais permettez-nous de coordonner son contenu autant que nos faibles moyens nous le permettent.

Derouge. — Bon. Voici le docteur Sérénus qui s'asseoit sur son orgueil.

Dr Sérénus. — Je l'élève, enfant. J'ai confiance dans mes faibles moyens. Je suis fier de les posséder. Seulement, la notion très précise de la difficulté de l'entreprise me donne la mesure de leur action. Le sens du réel est le socle de l'orgueil, la vanité choisit celui de l'utopie.

D'Antan. — Il aura toujours raison. Cet homme est un sophiste de l'antiquité ressuscité à l'époque des aéroplanes.

Dr Sérénus. — Nous avons tous raison, en face de nos Idéals. Cherchons, mes amis, la nouveauté dans l'adaptation la plus récente de la pensée au fait. Vous la rendez impossible, d'Antan, par une sorte de comparaison continuelle avec le passé. Oui, Derouge regardons la nature. Mais ne laissons pas notre volonté sous sa dangereuse dépendance. Que, par le sentiment de la Beauté, elle soit un moyen d'affranchissement, et non un instrument de mort, pas plus qu'un prétexte de renoncement ; et que l'esthétique nous donne le sentiment de la vie réelle. La nature enfante des fleurs et des idées : l'insecte est l'enfant de la fleur, l'homme celui de l'idée. Comme l'insecte puise sur la fleur, le pollen qui le nourrit, puisons dans l'idée notre force vitale, et, comme l'abeille fredonne la vie dans la lumière, fêtons l'espoir dans l'idée. Et... l'idée... mes amis... l'idée généreuse et sincère... n'est-ce pas la France ?

CINQUIÈME SOIRÉE

QUESTION MÉTAPHYSIQUE

Derouge. — Bonjour, docteur Sérénus. J'ai concentré ma réflexion par un effort de volonté sur vos dernières paroles, pour employer votre langage.

D'Antan. — Elles ont du passer au crible du sarcasme.

Derouge. — Vous vous trompez ; je veux causer avec notre ami.

Dr Sérénus. — Je vous attends avec joie.

Derouge. — Vous me fîtes le reproche de négliger l'homme en oubliant ce phénomène que vous appelez caractère.

Dr Sérénus. — Sans doute.

Derouge. — Votre catéchisme moral consiste à..

D'Antan. — Je l'avais bien dit.

Derouge. — Votre morale, docteur Sérénus, est esthétique et dynamique.

D'Antan. — Où allons-nous ?

Derouge. — Vers la vérité.

D'Antan. — Par la folie.

Derouge. — Laissez-moi parler, saint moine, nous ne sommes pas à la Chambre.

D'Antan. — Je me tais, démon.

Derouge. — La morale du docteur Sérénus est esthétique parce que l'Idéal est sa raison d'être, dynamique puisque la volonté en est l'appui pratique.

Dr Sérénus. — Ceci est parfaitement juste.

Derouge. — Enfin vous m'avez parlé du droit de l'individu que vous édifiez sur le sentiment de la justice ; et puis de l'âme que vous appelez la synthèse de notre sensibilité. Vous nommez aussi à tout propos les forces psychiques. Vous défendez d'abandonner l'intention à l'inclination. Et tout ce « fatras » d'intentions morales est un « gribouillis », mon pauvre ami.

Dr Sérénus. — Et pourquoi cela ?

Derouge. — Parce que votre morale provient d'une idée fausse, d'une erreur capitale.

Dr Sérénus. — Et cette erreur ?

Derouge. — La notion de l'individualisation.

D'Antan. — Ceci est bizarre. Voici que le diable n'est plus individualiste.

Derouge. — Les apôtres seuls l'étaient, et le Christ au premier rang, naïf.

D'Antan. — Il est bon à enfermer. Je préfère me taire et boucher mes oreilles.

Dr Sérénus. — Développez-moi votre idée ; je vous écoute attentivement.

Derouge. — Votre morale est devenue, par l'entraînement de la volonté, l'intelligence de la conduite de la vie vers un but tracé par l'Idéal. La volonté est pour vous synonyme d'individu. Tout votre autel esthétique a donc pour socle l'individu, que vous considérez comme un phénomène psychique. La vie même est pour vous de cet ordre.

Dr Sérénus. — Je ne saurais le nier.

Derouge. — De plus, vous prétendez que votre individualisme est établi d'après la méthode scientifique la plus stricte.

Dr Sérénus. — Je l'espère.

Derouge. — Eh bien ! pauvre ami, devant la vraie science positive, l'individu n'existe pas. Ce n'est qu'une erreur de langage.

Dr Sérénus. — Prouvez-le.

Derouge. — Facilement.

Dr Sérénus. — Je vous le souhaite. Allez.

Derouge. — Comment connaissons-nous ce que nous appelons les « choses » ? Par les organes des sens. Mais, pour que science il y ait, il faut que nous les connaissions d'une manière impersonnelle. Nous ne pouvons le faire qu'en réduisant leur description à des mesures ; à la condition toutefois qu'elles puissent fournir les mêmes résultats à tous les observateurs.

D'Antan. — Il y a des phénomènes non mesurables.

Derouge. — Non pas. Il ne peut y avoir « fait » que devant une observation impersonnelle ; autrement la méthode ne peut exister. Point de contrôle possible en dehors des mesures impersonnelles.

D Sérénus. — Expliquez-vous.

Derouge. — Je veux dire qu'une mesure ne devient scientifique qu'à partir du moment où elle peut être vérifiée, non pas par un seul, mais par n'importe quel expérimentateur exercé.

D'Antan. — Par quel moyen l'expérimentateur se livre-t-il à cette mesure impersonnelle ?

Derouge. — Pour être bonne, toute mesure doit conduire à un nombre qu'il sera possible de lire soit dans le plateau d'une balance, soit sur l'échelle d'un thermomètre, d'un dynamomètre, d'un ampermètre, d'un hydromètre...

D'Antan. — Faites-nous grâce de cette exposition d'appareils.

Dr Sérénus. — Vous estimez que tous les phénomènes sont mesurables ?

Derouge. — Je dis qu'il ne peut y avoir science là où il ne peut y avoir expérimentation.

J'en conclus qu'il y a science seulement à partir de l'instant où il peut y avoir évaluation impersonnelle d'un fait. En un mot, la philosophie et la morale, pures spéculations de rêveurs, doivent aujourd'hui céder la place aux sciences exactes. Je vous citerai maintenant une phrase d'un éminent biologiste, M. Le Dantec : « Il ne se passe rien de connaissable à l'homme sans que se modifie quelque chose qui est susceptible de mesure ».

Dr Sérénus. J'avais déjà deviné le disciple de cet esprit éminemment distingué. Continuez de développer votre idée en ce qui concerne l'erreur individualiste.

Derouge. — Si le sens des mots « mesure impersonnelle » nous montre la portée de la science, l'individu n'a plus de signification pour elle puisqu'il n'existe pas en tant que mesurable pour tous.

D'Antan. — Et que faites-vous de la conscience? Elle suffit à démontrer l'individualité.

Derouge. — Vous ignorez que la biologie nous apprend chaque jour que les individus sont constitués d'atômes et qu'il est faux, parce qu'impossible, de les considérer comme des entités permanentes, d'ailleurs non mesurables.

Dr Sérénus. — Vous ne pouvez négliger cependant l'individu, ne serait-ce qu'en tant que forme passagère d'une agglomération d'atômes. Quand bien même ne devraient-ils être que la dernière des agrégations visible au microscope des biologistes, l'individualité subsiste.

Derouge. — En tant que phénomène passager si vous voulez : mais dans aucun cas comme entité libre.

D'Antan. — Expliquez-vous.

Derouge. — L'individu, ou plutôt l'individualité (je préfère ce mot parce qu'il porte un sens d'attribut qui nous éloigne du sens d'entité) ne peut avoir qu'un sens relatif, tout à l'opposé du sens absolu qui lui est ordinairement réservé.

D'Antan. — Mais dans le cas de l'action?

Derouge. — L'Etre n'agit pas par lui-même.

D'Antan. — Il agit puisqu'il existe.

Derouge. — Il n'existe pas comme vous l'entendez.

D'Antan. — Je pense, donc je suis.

Derouge. — L'époque de Descartes est enterrée. Vous faites allusion, mon pauvre ami, à la pensée consciente et libre.

D'Antan. — À la conscience, certes.

Derouge. — Il n'y a pas de conscience en biologie. On perçoit seulement des opérations mentales Eh bien ! toute opération de ce genre est la simple conséquence des réactions qui modifient l'état de l'organisme : tout changement dans l'état de conscience correspond à un changement dans le cerveau.

D'Antan. — Conscience et pensée sont donc des phénomènes matériels, effets des mouvements d'atômes composant le cerveau ?

Derouge. — Ce que vous appelez un composé de pensée, de volonté, de conscience, c'est-à-dire une individualité, est simplement pour moi un organisme vivant parce qu'il est apte à répondre aux excitations extérieures.

Dr Sérénus. — Et d'où vient cette aptitude sinon de la conscience ?

Derouge. — Elle provient uniquement des phénomènes physico-chimiques qui résultent des excitations extérieures. Mais parce qu'elles sont naturellement différentes pour deux cerveaux différents, il ne faut pas en conclure à l'individu et à sa liberté.

Dr Sérénus. — Ainsi vous trouvez dans la biologie l'explication de la vie.

Derouge. — J'y puise la faculté de sa compréhension, mais non son explication. Si les problèmes ne s'accumulaient pas sans cesse sur les problèmes, la science n'aurait pas sa raison d'être

D'Antan. — Encore une fois, que faites-vous de la pensée ?

Derouge. — Encore une fois, « j'ai conscience » qu'en remontant petit à petit, des amibes jusqu'à l'homme, je suis obligé de constater, le long de la série ascendante des êtres, que les seules lois de la physique et de la chimie peuvent m'expliquer tout ce qui se passe chez les êtres vivants.

D'Antan. — Et vous concluez ?

Derouge. — Au déterminisme humain.

D'Antan. — C'est-à-dire ?

Derouge. — Que la liberté morale absolue n'existe pas, puisque l'individualité n'est qu'une apparition pour nous d'une forme momentanée d'une agrégation d'atômes dépendant mécaniquement des phénomènes physico-chimiques. La vie humaine est le résultat d'actions et de réactions dont l'observateur ne perçoit qu'une part infime. Que sont les agrégations visibles à nos yeux sous la forme de matière en comparaison des forces rayonnantes que nous ne pouvons voir.

D'Antan. — Que votre science est faible !

Derouge. — Et comme la seule façon de procéder pour l'étude des phénomènes est la méthode expérimentale, le biologiste seul adepte sincère de cette méthode, est obligé de recourir au procédé rigoureux de la mesure impersonnelle. Déterminisme physico-chimique et monisme biologique se tiennent.

Dr Sérénus. — Et comme l'individu ne peut se mesurer impersonnellement, la biologie refuse d'en tenir compte.

Derouge. — Elle ne refuse pas ; elle ne le peut, puisqu'il n'existe pas en tant que force indépendamment agissante. L'individualité est un effet, l'effet de l'agrégation passagère d'atômes plus ou moins sensibles aux forces physico-chimiques environnantes.

D'Antan. — D'où provient cette agrégation ?

Derouge. — Nous n'assistons qu'à sa formation.

D'Antan. — C'est tout ce que je voulais savoir.

Derouge. — Tant pis pour vous. L'agrégation se fait peu à peu jusqu'à la naissance (agrégation plus consistante), puis jusqu'à la croissance de l'individu qui la continue. Et la désagrégation se fait dans la mort, c'est-à-dire la disparition totale d'un être qui n'était que relativement vivant.

***

D'Antan. — Mais pendant cette croissance, avant la désagrégation, vous pouvez distinguer l'individualité.

Derouge. — Par nécessité de langage si vous voulez. En réalité non.

D'Antan. — Comment cela ?

Derouge. — Puisque tout être vivant dépend non

seulement des forces environnantes, mais du passé par l'hérédité, il est impossible de le différencier du présent comme du passé, au point d'en faire ce que vous appelez un individu, c'est-à-dire une entité indépendante. La caractéristique de l'individualité étant la dépendance, la science exclut son action personnelle. En effet, si l'individu que nous voyons semble agir, ce n'est pas par lui-même, mais sous l'action d'autres forces extérieures dont il reste toujours et quand même l'effet.

Dr Sérénus. — Ainsi parce qu'aucun être autre que moi ne peut mesurer ce que je souffre, ou ce que je pense, vous niez l'individualisme.

Derouge. — Il est bien certain qu'aujourd'hui les moyens d'observation dont disposent les hommes ne leur permettent pas de connaître mutuellement leurs pensées ni leurs souffrances.

D'Antan. — Elles existent cependant.

Derouge. — Oui, ma pensée est. Je le sais puisque je la connais. Elle m'est connaissable.

Dr Sérénus. — Puisque je sais que j'existe, je puis avouer mon individualité.

Derouge. — Pourquoi ?

Dr Sérénus. — S'il est un instant où il m'est possible de me savoir connaissable à moi-même, il m'est permis de me trouver positivement l'attribut d'individualité.

Derouge. — Non.

D'Antan. — Laissez-le donc. Il est fou.

Dr Sérénus. — Pardon, il est biologiste, déterministe, moniste et athée. Il est l'adepte d'une école qui prend une grande autorité à notre époque.

Derouge. — Vous le reconnaissez?

Dr Sérénus. — Pour ne pas signaler l'autorité et l'influence de la biologie, sur certains esprits, il faudrait être de parti pris.

D'Antan. — Je ne vois pas ici l'autorité d'une science, mais l'attrait moderne de l'amour de destruction de tout ce que les hommes ont toujours respecté.

Dr Sérénus. — Vous ne pouvez empêcher beaucoup d'esprits de faire passer avant toute chose l'observation du fait matériel et d'y subordonner la spéculation.

D'Antan. — Peu m'importe.

Dr Sérénus. — Cette tournure d'esprit explique cependant que certains biologistes, chimistes, physiciens ou médecins aient la prétention d'anéantir l'individualisme par le déterminisme, la métaphysique par la biologie, et le sentiment religieux par l'athéisme le plus radical.

D'Antan. — Ces savants sont des criminels qui nous conduisent à la décadence. Mieux vaudrait qu'elle arrivât vite, afin que la régénérescence « se déterminât » par la réaction fatale.

Dr Sérénus. — Une recrudescence de matérialisme est la conséquence obligatoire du progrès de la chimie, de la physique et de la médecine.

Derouge. — Parfaitement. C'est par le progrès des sciences réellement exactes que l'individualisme est tombé en désuétude.

D Antan. — Vous prétendez alors que tout en ayant le droit de me reconnaître connaissable à moi-même, je n'ai pas celui de me reconnaître un individu?

Derouge. — Vous n'avez pas de droits, vous n'avez que des possibilités. Mais pas celle-ci.

D'Antan. — Je demande une explication « scientifique ».

Derouge. — En tant que moniste biologiste je sais que mes pensées et mes sentiments qui proviennent des réactions de mon cerveau contre des actions physico-chimiques ne peuvent se produire sans la modification de quelque chose de mesurable, autrement dit de quelque chose d'impersonnel. Par là, je vois que le domaine subjectif soi-disant inviolable, ne l'est pas.

D'Antan. — Et puis après?

Derouge. — Mais tout est là. Si ce monde subjectif, si tout ce monde de la vie intérieure, si chèr aux philosophes, de personnel devient impersonnel, s'il est enfin susceptible de mesure, l'individualisation n'est plus qu'une commodité de langage.

D'Antan. — Pour vous?

Derouge. — Pour l'observateur sincère.

D'Antan. — Comment cela?

Derouge. — Ce que vous croyez être un individu ne sera plus qu'une action variable, totalement dépendante des forces ambiantes et mesurables pour l'observateur.

Dr Sérénus. — Il est bien certain que si la science découvrait un phrénographe qui permettrait de donner la démonstration exacte du lien qui unit la pensée aux variations mesurables du cerveau, vous seriez en droit d'attaquer l'individualité consciente. Cependant vous ne pourriez observer qu'un effet. Votre instrument ne vous permettrait pas de connaître certaines forces occultes qui déterminent ces réactions que vous espérez pouvoir mesurer un jour. Quoi que vous fassiez, il y aura toujours dans la vie un monde occulte que vous ne pourrez jamais mesurer. Qualifiez-le de matériel ou de spirituel, peu importe son ordre, ce monde semble être la vie, la vie non mesurable, ce qui devant notre pensée, sauve « l'individualisation » personnelle et consciente.

Derouge. — Vos affirmations n'ont aucune valeur pour le biologiste connaissant le lien qui unit la pensée au cerveau. D'ailleurs la cause s'explique par la compréhension de l'effet. Du jour où la science pourra mesurer les effets des réactions chimiques sur un cerveau, il est possible d'espérer qu'elle en comprendra l'origine. Il restera sans doute des phénomènes inexplicables, mais, de toute façon, les anciens préjugés « d'individualisation » seront totalement anéantis.

D'Antan. — Je vous défends de prouver la dépendance de la pensée.

Derouge. — Buvez donc trois bouteilles de champagne et vous verrez si vous pourrez continuer à défendre votre Dieu.

D'Antan. — Pour les boire, il faudrait que j'en aie l'intention.

Derouge. — Il suffit que la conséquence de leur

absorption vous oblige à comprendre la faiblesse de l'inorganique devant l'organique, pour que l'action cérébrale soit reconnue comme prépondérante sur les phénomènes mentaux.

D'Antan. — Mais au contraire, j'affirme que le fait d'une résistance, si courte soit-elle, de la mentalité contre une tentation gastrique, suffit à démontrer le fait d'un acte volontaire et conscient.

Derouge. — Cet acte peut être déterminé par une réaction physico-chimique dans votre cerveau, ou par un phénomène d'hérédité. Auriez-vous la prétention, par hasard, d'agir en ce moment même comme un individu conscient,

D'Antan. — Il me semble.

Derouge. — Vous agissez sans doute puisque vous pensez, gesticulez, au point de colorer votre peau de breton. Mais vos paroles sont déterminées naturellement par l'hérédité. Votre individualité lamentable est la continuité de cet horrible filon de préjugés confectionnés par l'enchevêtrement des inventions et des superstitions que les hommes ont accumulées par un sentiment de révolte contre la nature avec laquelle ils auraient dû s'épanouir.

D'Antan. — Et vous, quel produit êtes-vous donc ?

Derouge. — Un produit des besoins de mon temps. La science nous montre la nature, la nature impérieuse et grandiose. Je demande l'épanouissement de l'homme par la vie.

D'Antan. — Pauvre Rousseau !

Dr Sérénus. — Votre sacerdoce aurait sa raison si

vous pouviez nous démontrer que tout acte est, sans exception, déterminé par un autre ; qu'un être est uniquement l'effet de l'hérédité, de l'éducation et des actions des forces physico-chimiques environnantes ; que le cerveau est le simple récepteur de ces phénomènes physico-chimiques ; que la pensée enfin en est la stricte traduction sous une autre forme. Mais encore faut-il démontrer qu'aucune part de liberté n'est laissée à l'individualité pour agir en dehors de l'influence d'un phénomène quel qu'il soit, car la moindre part de liberté, aussi minime fut-elle, donne naissance à la responsabilité. Vous le voyez, votre hypothèse, bien que séduisante pour un biologiste, reste fragile.

Derouge. — Moins que les vôtres assurément.

Dr Sérénus. — Prouvez-le.

Derouge. — Le degré d'avancement de la biologie me permet de prétendre que les mises en train du mécanisme de l'homme sont dépendantes des variations de choses mesurables.

D'Antan. — Pourquoi ?

Derouge. — Parce que la physiologie nous a appris le rôle du cerveau dans la vie humaine.

Dr Sérénus. — Vous êtes bien avancés, puisqu'elle ne nous a pas donné le moyen d'observer directement l'intérieur du cerveau d'un homme vivant.

Derouge. — Le phrénographe résoudra la question.

Dr Sérénus. — En tout cas vous ne l'avez pas, et vous ne l'aurez pas de sitôt.

Derouge. — Je le sais ; nous pouvons cependant

nous rendre compte déjà de la dépendance des fonctions de l'âme par rapport à l'état du corps.

D'Antan. — Il y a réciprocité d'action. L'esprit est estimable aussi bien que le corps. Comparez la pensée de Kant à celle d'un terrassier, puis le corps du premier à celui du second. Dans chaque comparaison, vous serez obligé de donner la supériorité à l'un des deux concurrents... Vous ne pouvez établir de toute façon la dépendance absolue puisque dans un cas c'est l'esprit qui domine le corps.

Derouge. — Cette comparaison n'a pas de valeur.

D'Antan. — Comment cela ?

Derouge. — La mentalité de Kant était déterminée par son hérédité intellectuelle, les forces musculaires du terrassier par son atavisme sanguin, et, puisque les réactions de ces deux formes passagères étaient des produits différents de réactions différentes contre des actions physico-chimiques différentes, la dissemblance dans leur individualité s'explique facilement.

D'Antan. — Une affirmation n'est pas une explication.

Derouge. — L'observation biologique nous prouve qu'une opération mentale est la conséquence de réactions qui modifient l'état de l'organisme. Tout état de conscience déterminé ne correspond-il pas à un état déterminé du cerveau ?

D'Antan. — Vous niez ainsi radicalement la liberté.

Derouge. — Je soutiens que ce phénomène appelé

liberté par le docteur Sérénus est une illusion qui ne change en rien le déterminisme absolu de l'univers.

D'Antan. — Et la volonté ?

Derouge. — De même que la liberté, cette particularité de notre activité mentale si chère au docteur Sérénus semble en contradiction avec le déterminisme physico-chimique. En réalité, ce n'est qu'une illusion qui provient de l'hérédité, et surtout de l'éducation.

D'Antan. — Je sais bien que j'agis à un moment donné, que diable !

Derouge. — Quel mot dans votre bouche ! L'acte que vous venez de commettre en le prononçant a été déterminé par la structure de votre cerveau à un moment donné : il y a quarante secondes. Un autre cerveau construit identiquement au vôtre, aurait, sous la même impulsion, au même moment, prononcé le même mot.

D'Antan. — Vous m'ennuyez.

Derouge. — En vous démontrant toutefois que les caractères d'une mentalité résultent de ce que l'homme fait un instant avant, de telle sorte que les raisons qui le déterminent à vouloir telle ou telle chose, sont produites inévitablement par l'hérédité ou par l'éducation.

D'Antan. — La volonté est ainsi négligeable pour vous.

Derouge. — Je la nie comme la liberté.

D'Antan. — Comment m'expliquez-vous que j'aie conscience à cette seconde précise d'être une individualité vous plaignant sincèrement.

Derouge. — C'est par suite de l'assimilation que, peu à peu, vous vous êtes séparé du milieu ambiant, que vous vous êtes transformé d'une manière continue, pour devenir ce que vous êtes aujourd'hui.

D'Antan. — C'est-à-dire?

Derouge. — Un pauvre résidu mental esclave des préjugés d'une époque lointaine.

D'Antan. — Si je viens d'un certain passé, j'en suis fier.

Derouge. — Ajoutez-y le résultat de ce que vous avez pensé et appris.

Dr Sérénus. — Je vous arrête. Cette phrase a une importance capitale.

Derouge. — Vous avez raison, car si l'homme est le résultat, à un moment donné, de ses actes précédents, le déterminisme biologique n'entraîne pas l'irresponsabilité individuelle.

Dr Sérénus. — Et cependant il est synonyme d'irresponsabilité absolue.

Derouge. — C'est exact.

***

Dr Sérénus. — Faites attention, si vous soulignez tant soit peu le phénomène de la responsabilité, vous devenez individualiste.

Derouge. — Je repète que le déterminisme biologique n'entraîne pas l'irresponsabilité absolue. Ceci veut dire qu'une certaine part de responsabilité peut être attribuée à l'être momentanément agissant. Cette part fait partie de son acte, elle ne peut en être séparée. Mais, en aucune façon, elle ne saurait entraîner la liberté. L'être agit sous l'impulsion du déterminisme biologique, ce qui exclut la liberté, mais, du fait même que l'acte a été accompli, il a relativement existé : ceci nous permet de dire qu'il y a eu responsabilité à ce moment même.

D'Antan. — Je ne vous comprends pas. Vous vous êtes démasqué.

Dr Sérénus. — En effet, il est inconcevable que le fait d'une responsabilité, si minime fut-elle, n'entraîne pas l'aveu de la liberté et avec elle du principe d'individualisation inhérent à tout acte de conscience.

Derouge. — Guillaume Tell était obligé de risquer la vie de son fils en visant la pomme placée sur sa tête. Il n'était pas libre de ne pas agir ainsi. Il était cependant responsable de son acte, puisqu'il était responsable de la vie de son fils.

Dr Sérénus. — Le biologiste cherche une échappée pour la morale sociale. Vous sentez bien, Derouge, que le déterminisme absolu est pratiquement contraire au sens commun.

D'Antan. — Evidemment : en supprimant la responsabilité individuelle, il rend inutile la morale, impossible toute loi sociale.

Derouge. — Evidemment : le soi disant sentiment de responsabilité individuelle a permis le sacrifice de la justice à l'injustice, de la vérité à l'erreur. Cependant, le sens de responsabilité relative, compris selon les données exactes et vraies de la science, permet au biologiste moderne de remettre les choses en place et en ordre.

D'Antan. — Tout être pensant sait bien qu'il puise au fond de sa conscience le sentiment de sa responsabilité absolue pour la durée de sa vie. La conscience est un miroir où se reflète la responsabilité avec autant de clarté que le cygne dans une eau pure.

Derouge. — La science n'a pas à se préoccuper des affirmations ataviques du sens commun, ni des visées des écoles sentimentales.

D'Antan. — Le sens commun comme le sentiment lui rendent largement la pareille.

Derouge. — Vous me faites pitié!

D'Antan. — Et vous donc!

Derouge. — Parce que je me contente de vous démontrer que le fait de responsabilité momentanée et relative n'est pas en contradiction avec l'irresponsabilité absolue entraînée par le déterminisme biologique. Ce phénomène de responsabilité suffit à expliquer l'illusion causée par les erreurs de langage résumées par ces mots : individu, liberté, volonté, initiative, responsabilité.

D'Antan. — Que mettez-vous à la place?

Derouge. — L'individu tant physiologique que psychologique est une fonction ininterrompue mais variable du temps.

D'Antan. — Je ne comprends pas ce « charabia ».

Derouge. — Je vous citerai M. Le Dantec : « La vie de l'individu est une série de renaissances successives réunies dans le temps par la continuité assimilatrice au point de vue physiologique, par l'épiphénomène corrélatif de cette continuité ou mémoire élémentaire au point de vue physiologique.

D'Antan. — Ouf! Il n'est pas digestif votre maître! Je renonce. La science croit toujours avoir résolu des questions lorsqu'elle les rend incompréhensibles. Je suis de ceux qui se contentent de s'incliner modestement devant le sens commun.

Dr Sérénus. — Vous auriez dû ajouter, Derouge, que M. Le Dantec formule quelque part la conclusion de son déterminisme et de son monisme biologique : « Une intelligence idéale, immatérielle, capable d'être renseignée sur tout ce qui se passe dans le monde ne verrait dans son histoire que des mouvements déterminés d'atômes dans lesquels n'entre aucune part de liberté ni de responsabilité ». Et plus loin : « Le hasard est une conséquence de l'erreur individualiste. Il cesse d'exister quand on se place au point de vue absolu ».

Derouge. — Cet aperçu génial nous fait comprendre que la part de responsabilité que l'homme se croit posséder, et que la science peut lui accorder pratiquement, disparaît devant le déterminisme général des forces de l'univers, forces que la science doit étudier en se plaçant au point de vue absolu de la méthode moniste.

D'Antan. — Méthode qui condamne l'individualisme.

Derouge. — Je l'ai dit et redit.

Dr Sérénus. — Mais enfin la biologie n'a pas le

monopole de la science. Vous n'avez pas le droit de supprimer la philosophie.

Derouge. — Je n'ai pas le droit en effet. Je pense simplement que la métaphysique parle un langage incompréhensible : c'est le cas des spéculations hasardeuses.

D'Antan. — Son intelligence a par instant, des éclairs de bon sens.

Derouge. — D'ailleurs, même en métaphysique, l'individualisme est périmé.

D'Antan. — Pas possible !

Derouge. — Avec le nouveau pluralisme de M. G.-H. Rosny l'individu, « le principe d'individuation », et, qui plus est, la personnalité, sont attaqués. Il n'y a plus, nulle part, ni simplicité, ni unité. La complexité comme l'hétérogénéité est universelle. Tout phénomène, tout être, est le produit de l'ensemble des êtres et des phénomènes présents ou passés. Il en est la seule fonction, ou mieux encore, l'entrecroisement aussi complexe lui-même que leur infinie multiplicité.

D'Antan. — Et que serait la composition d'un être pour ce fou d'une école nouvelle ?

Derouge. — Tout objet doit être composé d'éléments hétérogènes qui seraient eux-mêmes composés à leur tour, et ainsi de suite à l'infini. Nulle part il n'y a d'unité. L'univers est une pure complexité, enchevêtrement de phénomènes retentissant indéfiniement les uns sur les autres, mais sans rapport consubstantiel entre eux.

D'Antan. — Et vous croyez à cette idée ?

Derouge. — Non, car j'estime que ce n'est pas une raison parce qu'il y a discontinuité dans le monde pour en exclure le continu. Je tenais à citer un penseur, un philosophe ennemi de l'individualisme. Je compte avec joie les adversaires de cette façon désastreuse de penser.

D'Antan. — Pourquoi la trouvez-vous plus dangereuse qu'une autre ?

Derouge. — Si le principe d'individualisation est admis, l'individu peut être reconnu comme cause et la société comme effet.

D'Antan. — Et après ?

Derouge. — Si l'individu est admis comme cause, ceci donne raison aux inventions morales et sociales du Dr Sérénus.

D'Antan. — C'est-à-dire que la justice, la notion du droit qu'elle implique, la liberté, la volonté, l'initiative surtout, pourront rester les forces individuelles sur lesquelles reposent toutes nos organisations sociales.

Derouge. — Vous m'avez compris.

***

D'Antan. — Et si le principe « d'individualisation » est méconnu ?

Derouge. — Alors la société peut être édifiée sur des bases scientifiques.

Dr Sérénus. — Par respect de la science exacte, il ne faudrait pas, mon ami, ne voir qu'une face des phénomènes. Tel est le danger de l'intellectualisme pur. Vous en êtes victime comme biologiste aussi bien que M. G.-H. Rosny comme philosophe.

Derouge. — Ceci est à démontrer.

Dr Sérénus. — Vous vous placez partout et toujours au point de vue strict de l'intelligence.

Derouge. — Elle me permet de rester sur le terrain exact de l'observation.

Dr Sérénus. — Elle peut négliger un fait et par là vous induire en erreur ; elle peut enlever à votre méthode son caractère synthétique, son véritable caractère scientifique.

Derouge. — Que voulez-vous dire ?

Dr Sérénus. — Réfléchissez à l'intelligence, envisagez-la dans son action originelle.

Derouge. — Ensuite ?

Dr Sérénus. — Elle se présente comme la faculté de fabriquer des objets, en particulier des outils. Elle en variera ensuite indéfiniment la fabrication.

Derouge. — Je ne vous ai jamais dit le contraire.

Dr Sérénus. — Remarquez bien ceci : de la matière brute, notre perception ne retient que le solide.

Derouge. — Naturellement, puisque notre perception ne peut agir que sur les choses généralement mesurables.

Dr Sérénus. — En effet, notre action intellectuelle a besoin de points de repère et d'appui pour se développer : elle les trouve dans ce qu'il y a de stable et d'immuable dans la matière brute. Ceci nous explique pourquoi l'intelligence ne se représente clairement que l'immobilité, pourquoi aussi le langage est fait pour désigner des choses et rien que des choses.

Derouge. — Il le devrait.

Dr Sérénus. — Je vous demande de bien reconnaître que les conditions rigoureusement matérielles dans lesquelles se trouve notre perception, obligent l'intelligence à appliquer des formes qui sont celles mêmes de la matière organisée. Elle est donc faite pour ce travail. Seul il peut la satisfaire.

D'Antan. — Pourquoi ?

Dr Sérénus. — Parce qu'il lui donne la distinction et la clarté qu'elle recherche sans cesse.

Derouge. — Qu'elle devrait rechercher sans répit, oui.

Dr Sérénus. — Ainsi nous sommes d'accord pour reconnaître qu'afin de se penser distinctement, l'intelligence devra s'apercevoir sous forme de discontinuité.

D'Antan. — Que voulez-vous dire ?

Dr Sérénus. — Nos façons de penser, c'est-à-dire nos concepts, ne sont-ils pas extérieurs les uns aux autres comme les objets dans l'espace.

Derouge. — Peut-être. Je l'espère puisque je les crois mesurables.

Dr Sérénus. — Nos concepts sont tels parce qu'ils ont été créés sur le modèle même des objets. Leur ensemble constitue le monde intelligible.

Derouge. — Pas toujours !

Dr Sérénus. — Remarquez cependant que, par ses caractères essentiels, le monde intelligible ressemble au monde des solides. En effet, nos concepts sont bien la représentation de l'acte par lequel l'intelligence se fixe sur les choses.

Derouge. — Que m'importe tout ceci ?

Dr Sérénus. — Notre logique est l'ensemble des règles qu'il faut suivre dans l'enchaînement de nos concepts. Elle triomphe dans les sciences qui prennent la solidité des corps pour objet.

Derouge. — Je n'ai cessé de vous le faire comprendre.

Dr Sérénus. — Réfléchissez alors que le contact certain et continuel de notre intelligence avec la matière l'oblige à se concentrer sur ce qui se répète.

Derouge. — Evidemment.

Dr Sérénus. — Elle est uniquement préoccupée de souder le même au même, elle solidifie tout ce qu'elle sent. Elle cherche le même parcequ'elle doit appliquer son principe que « le même produit le même ».

Derouge. — Parfaitement.

Dr Sérénus. — Et c'est en cela que consiste la prévision de l'avenir par le sens commun. Notre intelligence a donc pour fonction caractéristique de préparer notre action sur les choses : elle cherche à deviner les évènements favorables ou défavorables qui devront résulter d'une situation donnée.

Derouge. — Oui, la science porte cette opération naturelle au plus haut degré possible d'exactitude et de précision.

Dr Sérénus. — Aussi n'avons-nous qu'à nous laisser entraîner par les penchants naturels de notre esprit pour devenir mécanistes.

Derouge. — C'est mon avis.

Dr Sérénus. — Il semble que l'on doive définir la perception en termes d'action et non plus en termes de connaissance.

Derouge. — Parfaitement.

Dr Sérénus. — On ne trouvera donc nulle part dans le système nerveux de centres conscients.

Derouge. — Cela est tout à fait exact.

D'Antan. — Où naîtra la perception ?

Dr Sérénus. — De la même cause qui a suscité la chaîne des éléments nerveux : elle exprimera la puissance d'agir de l'être vivant, c'est-à-dire l'indétermination du mouvement qui suivra l'ébranlement venu du dehors. Mais remarquez-le bien : la chaîne d'éléments nerveux reçoit, arrête et transmet les mouvements. Elle donne ainsi la mesure de cette indétermination. La perception suivra désormais tout le détail et semblera exprimer les variations des éléments nerveux eux-mêmes. Dès lors, notre perception paraît faire réellement partie des choses et coïncider avec elle.

Derouge. — Oui, puisque les choses la déterminent.

Dr Sérénus. — Un être vivant est un centre d'action. Il représente une certaine somme d'actions se filtrant dans l'univers. Il représente une certaine quantité d'action possible, quantité variable suivant les espèces. Le corps et le cerveau composent alors un instrument d'action et d'action seulement : et dans aucun cas, sous aucun aspect, nulle part, cet instrument ne saurait expliquer un état de conscience.

Derouge. — Voilà qui est tout à fait bien. Nous allons nous entendre, docteur Sérénus.

D'Antan. — Ceci ne m'étonnerait nullement.

Dr Sérénus. — En ce qui concerne la fusion de la perception dans la matière, oui.

Derouge. — Et puis?

Dr Sérénus. — Cependant, soutenir que le corps et le cerveau sont un instrument d'action n'est-ce pas attribuer à ce dernier, malgré sa dépendance des choses, une certaine quantité de choix dont l'être vivant pourra disposer.

Et, ici, même en ne distinguant pas dans la perception le phénomène d'une entité libre, n'est-on pas obligé d'avouer dans cette quantité de choix l'acte d'une individualité momentanée? J'estime alors que, même devant ce phénomène d'origine purement matérielle, et nettement déterminé de la perception, l'on doit faire une part à l'individualité : c'est qu'il est impossible de séparer le phénomène « d'individualisation » du phénomène d'une action, si minime fut-elle.

Derouge. — Je ne vous suis plus.

***

Dr Sérénus. — Je m'en doute, car je quitte votre terrain.

Derouge. — Pourquoi ?

Dr Sérénus. — Ecoutez-moi. L'homme vit dans le monde extérieur. Cette habitude le porte à imaginer la multiplicité d'états qu'il sent en lui sur la multiplicité des objets qu'il remarque autour de lui. Le monde extérieur se déroule dans l'espace et l'homme croit vivre uniquement dans l'espace.

Derouge. — Je ne comprends pas.

Dr Sérénus. — Vous avez bien saisi que notre perception est habituée à se mouler sur les objets matériels : ceci donne à l'intelligence son caractère d'invention.

Derouge. — Je le sais.

Dr Sérénus. — Toute notre croyance aux objets matériels consiste en ce que nous pensons que le temps n'a pas de prise sur eux. En effet, ou bien un objet matériel ne change pas, ou bien s'il change, c'est bien sous l'influence d'une force extérieure : nous nous représentons ce changement comme un déplacement de parties, qui, elles, ne varient pas. Un objet matériel n'a donc pas d'histoire, il ne vieillit pas.

Derouge. — Jeunesse et vieillesse sont en effet inconcevables si l'on songe à l'univers.

Dr Sérénus. — Attendez, nous voici au point capital, au grand point de divergence qui sépare nos deux pensées comme par un abîme.

D'Antan. — Allons, bon.

Dr Sérénus. — Nous avons reconnu que le monde extérieur se déroule dans l'espace.

Derouge. — Si vous voulez, peu m'importe.

Dr Sérénus. — Tout est là, car ceci change tout.

Derouge. — Pourquoi ?

Dr Sérénus. — Parce que la vie psychologique se prolonge, elle, dans la durée.

Derouge. — Je ne comprends pas le langage métaphysique.

D'Antan. — Moi non plus.

Dr Sérénus. — Un objet matériel n'a pas d'histoire, disions-nous, parce qu'il ne vieillit pas.

Derouge. — La vie psychologique encore moins puisqu'elle n'existe pas. Elle n'existe pas indépendamment des forces matérielles qui la déterminent.

Dr Sérénus. — Ici je vous arrête. La vie psychologique a une histoire, elle se confond même avec son histoire puisque nous sommes obligés de la définir par sa durée. Son passé se prolonge dans son présent et son présent s'enfle de son avenir ; et de plus, son présent vivifie son passé et son avenir vivifie son présent.

Derouge. — Invention ! Effet d'imagination.

D'Antan. — Et d'hérédité métaphysique !

Dr Sérénus. — Vous ne pouvez négliger la mémoire.

Derouge. — Elle est un phénomène mental comme les autres; elle subit les mêmes conditions.

Dr Sérénus. — Vous n'observez pas un corps vivant sans remarquer qu'il présente des analogies beaucoup plus positives avec la vie psychologique qu'avec un objet matériel.

D'Antan. — En effet, un corps vivant a une histoire, il vieillit, il dure. Un objet matériel n'en a pas.

Derouge. — Pardon, la vie n'a pas d'histoire, elle est identique à elle-même par le mécanisme éternel des forces qui la composent en se déterminant par le jeu continu de leurs actions et réactions réciproques.

Dr Sérénus. — Je vous l'ai dit tout à l'heure. Un penchant invincible porte l'intelligence à spéculer.

Derouge. — Vous le prouvez.

Dr Sérénus. — L'intelligence humaine veut se donner une vision d'ensemble des choses. C'est le but de la science.

L'hérédité et l'éducation la poussent dans cette voie.

Derouge. — Ce n'est pas mon cas.

Dr Sérénus. — Je vous demande pardon à mon tour, c'est précisément l'habitude héréditaire de votre intelligence qui la pousse à ne voir les choses qu'à un seul point de vue, celui de la matière, de la matière objective.

Derouge. — De la matière mesurable.

Dr Sérénus. — Vous cherchez avant tout à comprendre parce que vous voulez avant tout inventer, parce que vous êtes esclave de votre intelligence qui est faite pour inventer.

Derouge. — Et vous, vous imaginez.

Dr Sérénus. — Je constate seulement que si toute une partie de l'univers, et la plus importante de beaucoup, nous échappe, je suis en droit de proclamer la faillite de votre science exacte.

D'Antan. — Ah ! Voilà qui est bien dit.

Derouge. — Puisque je ne puis voir que le visible, je crois être dans la vérité en attendant que la science me donne les moyens de sonder l'invisible.

Dr Sérénus. — Votre intelligence s'obstine à appliquer des procédés qui conviennent au monde matériel, à des phénomènes pour lesquels ils ne sont pas faits.

Derouge. — Que voulez-vous dire ?

Dr Sérénus. — Le monde de la vie et de l'âme présente des caractères tout à fait dissemblables de ceux de la matière brute. Vous voulez employer des cadres que vous possédez pour des objets nouveaux que vous n'apercevez même pas. Comment s'étonner qu'un cadre étroit ne convienne plus à un tableau pour lequel il n'est pas fait.

Derouge. — Dualisme toujours. Voici la navrante erreur.

Dr Sérénus. — Regarder les deux faces d'une même médaille n'équivaut pas à voir deux médailles. La vie, une dans sa substance, se présente sous des formes multiples. Le simple et le complexe qui nous entourent nous obligent à scinder les phénomènes pour les voir et les comprendre.

Derouge. — Allons, brave Docteur, vos idées sur

la perception sont justes. Mais voyons, après, votre intelligence déraille et je le regrette.

Dr Sérénus. — Je vous ai fait pressentir que le vital est peut-être autre chose que l'inorganique.

Derouge. — Je n'ai rien pressenti du tout. Démontrez. Allez, défendez le principe d'individualisation. Mais, pour cela, il me faut prouver la conscience, en un mot me faire voir ce fameux monde de l'esprit.

Dr Sérénus. — Si la vie, c'est-à dire l'ensemble des phénomènes qui se rapportent aux êtres capables d'agir est autre chose, et d'un ordre différent que les phénomènes qui ne peuvent agir, les phénomènes matériels, il faudrait peut-être avouer la nécessité d'une méthode nouvelle de penser.

Derouge. — Je vous ai déjà dit que l'organique et l'inorganique sont des formes différentes d'une même action d'origine physico-chimique.

Dr Sérénus. — Si vous accordez au moins que les formes sont différentes, cela me permet de me demander s'il ne pourrait y avoir une forme prépondérante, et laquelle ?

Derouge. — Que voulez-vous dire ?

Dr Sérénus. — Si les deux formes de la vie diffèrent, il y en a sans doute une qui domine l'autre. Dans ce cas nous chercherons à quel ordre elle appartient. Nous pourrons alors nous demander quel est l'ordre de la vie, nous demander si elle est de l'ordre de l'organique ou bien si elle appartient à celui de l'inorganique, nous demander si elle est de l'ordre de l'esprit ou si elle appartient à celui de la matière.

Derouge. — C'est bien. Je vais m'efforcer de vous suivre dans le labyrinthe de votre âme.

***

Dr Sérénus. — Etudions le phénomène de la pensée.

Derouge. — Je vous attends.

Dr Sérénus. — Nos sens ont, en quelque sorte l'appréhension des objets extérieurs.

Derouge. — Oui, elle vient du cerveau.

Dr Sérénus. — De même que les sens, notre moi se saisit ici lui-même, comme par une prise directe, que nous sommes obligés d'appeler intuition, l'intuition de nous-mêmes. L'intelligence s'emploie de suite à la penser. Mais elle en altère immédiatement le caractère.

Derouge. — Toujours la même habitude héréditaire : l'intuition est une commodité de langage. En réalité l'intuition est un phénomène mental déterminé comme les autres.

Dr Sérénus. — Admettons que l'intuition soit déterminée par un phénomène physico-chimique. Elle existe cependant comme reflet du moi sur lui-même.

Derouge. — Si vous voulez, mais je ne puis admettre que l'intelligence en dénature le caractère, car toute connaissance est uniquement œuvre d'intelligence.

Dr Sérénus. — Oui, si l'univers en général et l'homme en particulier ne nous présentaient aucun type d'une autre espèce de connaissance.

Derouge. — Je ne sais pas comment vous pourriez faire dépendre la connaissance d'un phénomène mental autre que l'intelligence.

Dr Sérénus. — Il suffit d'observer sans préjugés le fonctionnement de l'instinct chez les animaux pour se rendre compte qu'il implique une connaissance absolument spéciale, radicalement différente de la connaissance intellectuelle.

D'Antan. — Quelle honte, voici que vous, vous-même le sage, vous rabaissez comme Darwin l'homme à l'animal, la pensée à l'instinct.

Derouge. — Laissez, le docteur se lance vers une spéculation amusante.

Dr Sérénus. — Si l'intelligence nous apparait comme moulée sur la matière, comme calquée sur l'inorganique, l'instinct se présente comme moulé sur la vie, comme inhérent à l'organique.

Derouge. — Oui, comme inhérent à un organique déterminé par les réactions que vous connaissez. Que m'importe la distinction de l'organique et de l'inorganique si la cause de ces deux formes est la même.

Dr Sérénus. — Attendez. Vous savez que nous recherchons en ce moment à quel ordre semble appartenir la vie.

Derouge. — Allez, je m'arme de patience.

Dr Sérénus. — Chez l'animal l'instinct est une connaissance vécue, mais jouée plutôt que pensée.

Dans l'homme ne pourrait-elle devenir consciente et réfléchie ?

D'Antan. — Je respire.

Dr Sérénus. — L'intuition psychologique serait ainsi dilatée, et l'intelligence serait en quelque sorte consolidée d'une faculté mentale nouvelle qui lui ouvrirait enfin des horizons nouveaux que ses habitudes de ne jamais quitter l'inorganique ne lui permettaient pas d'explorer.

D'Antan. — Une simple révolution dans la pensée. Vous n'y allez pas par quatre chemins.

Dr Sérénus. — [Oui, nouvelle façon de penser, façon considérablement, indéfiniment élargie, brisement des cadres traditionnels de la connaissance intellectuelle pour laisser libre, devant la pensée, l'horizon de l'univers.

D'Antan. — Mais vous êtes un grand homme !

Dr Sérénus. — Non, pas moi. Le premier, M. Bergson a réussi à donner à la notion d'intuition un sens précis. Si l'intuition est de l'ordre de l'intelligence, ses prétendus objets ne sont donnés dans aucune expérience puisqu'elle ne peut s'adapter au cadre habituel de la perception : ses objets seraient alors de pures conceptions de l'esprit sans garanties objectives. M. Bergson s'est alors demandé de quel ordre pourrait bien être l'intuition ? Le premier, ce penseur a compris que si l'on veut tracer le type d'une autre sorte de connaissances que l'intellectuelle, connaissance par le dedans et non par le dehors, connaissance d'objets et non de rapports, il faut recourir à l'instinct. Voici d'ailleurs sa frappante conclusion : « Si l'homme est capable de connaissance intuitive, c'est dans la mesure où, tout en demeurant intelligent, il est demeuré instinctif. »

Derouge. — Ainsi, tandis que l'intelligence serait déterminée par l'hérédité dans ses formes et ses rapports, l'instinct serait déterminé par la connaissance innée de certains objets.

Dr Sérénus. — Oui, l'intelligence ne connaît que ce qu'elle palpe immédiatement au moyen des sens, elle connaît uniquement par le dehors; l'instinct au contraire, connait à distance et par le dedans.

Derouge. — Ce point de vue est curieux. Je crois, en effet, que l'instinct est bien le phénomène mental qui nous permet de découvrir le lien de la mentalité avec les phénomènes naturels qui la déterminent. Je ne vois toujours pas comment la vie serait d'un ordre autre que celui que nous appelons inorganique.

Dr Sérénus. — Un point est acquis cependant.

Derouge. — Comment cela ?

Dr Sérénus. — Je me suis efforcé de vous faire découvrir que l'instinct est un phénomène essentiellement d'ordre vital; il se remarque chez les êtres doués de vie, capables d'action; on ne peut le distinguer dans les objets purement matériels. A l'opposé de l'intelligence il nous éloigne de la matière, retenez ceci.

Derouge. — J'admets provisoirement cette soi-disant vérité.

Dr Sérénus. — Maintenant il nous reste à découvrir ce qu'il y a sous l'organique qui est bien la caractéristique de la vie.

Derouge. — Ah ! Ah ! voilà !

***

Dr Sérénus. — Nous avons vu tout à l'heure que la perception, à l'état pur, faisait réellement partie des choses.

Derouge. — Je m'en souviens.

Dr Sérénus. — Cependant la conscience adulte, chez l'homme surtout, présente réellement un caractère subjectif.

Derouge. — La biologie l'explique.

Dr Sérénus. — Eh bien, ce caractère ne vient pas de l'intelligence, mais bien de la mémoire.

Derouge. — Il faudrait alors démontrer que la mémoire est une puissance indépendante de la matière.

Dr Sérénus. — Le souvenir apparait incontestablement, comme un phénomène de l'esprit. Pour le comprendre il faut observer le présent et le passé.

Derouge. — Si vous le voulez.

Dr Sérénus. — Notre présent est ce qui agit sur nous et nous fait agir : il est tout à la fois sensoriel et moteur, il porte la caractéristique de l'état de notre corps : à lui se rapporte l'intelligence. Notre passé, tout à l'opposé, est ce qui n'agit plus, mais pourrait agir, ce qui agira même en se filtrant dans une action présente dont il prendra la vitalité. En un mot, la mémoire est autre chose qu'une fonction du cerveau.

Derouge. — Différence de degrés. Les actions et réactions se déterminent toujours.

Dr Sérénus. — Non pas, car l'état cérébral ne crée pas le souvenir, puisqu'il existait avant lui ; il le continue seulement par la matérialité qu'il lui prête.

D'Antan. — Ceci prouve bien que la mémoire est tout autre chose qu'une fonction du cerveau.

Dr Sérénus. — Sans aucun doute. On peut donc penser qu'il n'y a pas différence de degrés, mais bien différence de nature entre la perception et le souvenir.

Derouge. — Ah ! pauvres philosophes !

Dr Sérénus. — Parce que nous comprenons que l'esprit se pose sur la matière dans l'acte de la perception pure et s'unit avec elle, bien que, néanmoins, il s'en différencie en tant qu'il reste à ce moment même, mémoire.

Derouge. — Que de subtilité, cependant que la science montre si exactement l'aspect de l'univers.

D'Antan. — En attendant, j'ai parfaitement compris que l'instinct découvre la distinction que l'on est en droit de faire entre l'organique et l'inorganique, entre la vie et la matière. De plus, je saisis encore mieux comment la mémoire ouvre les horizons du monde spirituel et, comme l'intuition m'avait déjà prouvé la réalité du « moi », le fait du phénomène de conscience me semble positivement démontré.

Dr Sérénus. — Ce qui prouve la logique du principe d'individualisation et sauve l'individualisme devant la science.

***

Derouge. — Vous allez trop loin, philosophes. Vous avez énuméré les phénomènes mentaux que je ne nie pas. Mais vous oubliez qu'ils sont déterminés par des phénomènes d'ordre physico-chimique. Reconnaître un phénomène mental ne signifie pas qu'il soit permis d'en ignorer la dépendance. La conscience est un phénomène vital que la biologie explique parfaitement.

Dr Sérénus. — Le déterminisme est une erreur logique, conséquence de l'intellectualisme.

Derouge. — Quel paradoxe !

Dr Sérénus. — L'intellectualisme consiste à appliquer sans cesse à la vie intérieure les modes de représentation et de raisonnement convenant uniquement aux sciences de l'univers matériel

Derouge. — Puisque cet univers est le seul ! La métaphysique consiste à imaginer la vie intérieure.

Dr Sérénus. — Vous persistez à confondre l'explication du fait avec le fait lui-même. Cette erreur vous met dans l'impossibilité de comprendre la métaphysique.

Derouge. — Vous êtes surprenant.

Dr Sérénus. — Vous avez parlé des erreurs du langage individualiste.

Derouge. — Certes !

Dr Sérénus. — Vous êtes vous-même la dupe du langage.

Derouge. — Pas possible !

Dr Sérénus. — Pour vous, l'âme est déterminée par un sentiment quelconque comme par une force qui pèse sur elle.

Derouge. — Je nie l'âme absolument. C'est un mot. Je constate de simples phénomènes mentaux.

Dr Sérénus. — Peu importe. Pourvu qu'un sentiment atteigne une profondeur suffisante, il représente la vie toute entière. Son contenu se reflète dans chaque sentiment. Si vous dites que la pensée se détermine par l'influence d'un sentiment, c'est avouer qu'elle se détermine elle-même.

Derouge. — Tout est déterminé puisque les forces se déterminent réciproquement.

Dr Sérénus. — Oui, mais si l'on doit reconnaître que la pensée, le moi ou mieux l'âme se détermine elle-même, la thèse de la liberté se trouve démontrée.

Derouge. — Vous me faites rire.

D'Antan. — Tant pis. Je crois saisir la pensée de M. Bergson dans celle du docteur Sérénus. Dans cette philosophie je retiens la défense de l'intuition c'est-à-dire de la conscience. Je suis frappé par la suprématie du monde de la vie intérieure. Mais je n'y vois aucune place réservée à la morale ni surtout aucune place réservée à l'Idéal, c'est-à-dire à l'idée de Dieu.

Derouge. — Moi, je n'y vois aucune place pour la preuve de la liberté.

Dr Sérénus. — Si l'on se décidait à chercher la liberté dans le caractère tout particulier de la décision elle-même, dans l'acte libre qui porte la caractéristique propre de la personne, la thèse de la liberté se trouverait vérifiée.

Derouge. — Si le métaphysicien estime qu'il suffit de voir un fait, sans se demander s'il existe pour l'admettre, je le plains. Moi, positif, je crois qu'un mirage peut être réellement vu ; je sais cependant qu'il ne sera pas vérifié.

Dr Sérénus. — Vous pensez que les états de conscience sont des choses. Vous oubliez que vous les désignez par un mot pour la commodité du langage et vous en restez la dupe.

Derouge. — Les états de conscience sont des phénomènes mentaux nettement déterminés.

Dr Sérénus. — Les états de conscience vivent et changent sans cesse : ils durent. Vous ne pouvez en retrancher quelque moment sans en modifier la qualité.

Je touche l'erreur de votre science.

Derouge. — Tout est quantité dans l'univers.

Dr Sérénus. — Pour notre intelligence, jamais pour notre intuition. Les intervalles conscients, la durée vécue constituent les phénomènes qui intéressent particulièrement la psychologie : ces intervalles prouvent la liberté.

Derouge. — Parce que le psychologue les imagine.

Dr Sérénus. — On est en droit d'appeler liberté le rapport du moi concret à l'acte qu'il accomplit.

D'Antan. — Et ce rapport est indéfinissable.

Dr Sérénus. — Oui, précisément parce que nous sommes libres. On peut en effet analyser une chose il n'est pas possible d'analyser un progrès. On peut décomposer de l'étendue, on ne peut décomposer de la durée.

D'Antan. — Si l'on persiste à le faire, comme Derouge, on transforme le progrès en chose, et la durée en étendue.

Dr Sérénus. — Et l'on met le fait accompli à la place du fait s'accomplissant. On brise ainsi l'action du moi et par là même, la spontanéité se dissout en inertie et la liberté en nécessité.

Derouge. — Parce que toute définition de la liberté donne raison au déterminisme.

Dr Sérénus. — Parce que la liberté se sent et ne s'explique pas.

Derouge. — Nous y sommes : la science se réduit à la vague « sensation spirituelle » de choses que l'on ne peut définir, et ceci, d'Antan devenu métaphysicien, le comprend !

Dr Sérénus. — Riez si vous voulez. Mais un esprit qui ne se laisse pas comprimer par l'intellectualisme peut saisir le sens de l'indéfinissable.

Derouge. — Et ce privilégié comprendra ?

Dr Sérénus. — ... Que la décision émane de l'âme entière parce que l'acte sera d'autant plus libre qu'il se dissoudra dans le moi fondamental.

Derouge. — Qui jaillit du cerveau,

Dr Sérénus. — Tout parait se passer, en effet, comme si la conscience jaillissait du cerveau. En réalité, conscience et cerveau se correspondent.

Derouge. — Et comment ?

Dr Sérénus. — Parce qu'ils mesurent tous deux la quantité de choix dont l'être vivant dispose, ce qui sauvegarde la liberté. Souvenez-vous en. Mais, l'état psychologique déborde infiniment l'état cérébral car il dure, comme le prouvent les phénomènes de l'instinct et de la mémoire. Toutefois, la nécessité qui gouverne l'univers matériel entraîne sans aucun doute un déterminisme de l'action humaine qui se constate dans l'atavisme. Néanmoins, la conscience permet à l'homme de réagir. Or, la conscience est vérifiée par l'intuition, la mémoire et l'instinct et, *avec elle, le principe « d'individualisation » est sauvé.*

Derouge. — Vous allez bien vite. Il aurait fallu démontrer comment se manifeste le fait d'acte de la part de la conscience, je veux dire le fait d'acte libre et non déterminé dont vous avez parlé en croyant prouver le phénomène « d'individualisation ».

Dr Sérénus. — Les images se présentent à notre esprit autour d'un centre. Ce centre est la perception pure. Elle est le fait de la séparation des choses et de nous-mêmes, autrement dit l'interprétation de ce qu'on appelle le monde extérieur. Nous voici au point important. La perception pure peut être assimilée dès lors à une action, à une source de mouvements, mais non plus à une représentation. Le souvenir, lui, est inactif par essence. La perception au contraire est la riposte du sujet à l'excitation qu'il a subie : la perception est active par essence. Elle devient la conscience, effet d'une sorte d'indétermination ressentie par le sujet au moment de l'excitation subie. Et retenez bien ceci : cette indétermination qui, dans la nature, existe à l'état simple, se dévoile en liberté chez l'homme. Evidemment cette liberté est relative puisqu'elle est subordonnée aux forces extérieures dont elle dépend. Elle s'affirme, cependant, puisqu'elle ne cesse de réagir : elle existe suffisamment pour permettre la responsabilité. Mais, faites bien attention : il suffit seulement que le fait de son action soit compris dans la réponse de l'activité psychique et consciente à d'autres activités, pour que, par cette action même, la conscience soit reconnue. Efforcez-vous ainsi de comprendre que la perception pure permet de découvrir l'acte conscient dans le phénomène d'activité constaté au moment de sa manifestation ; efforcez-vous enfin de reconnaître que le souvenir découvre la qualité de l'intuition.

Si donc l'activité détermine la conscience, le souvenir, lui, fait pressentir avec l'intuition la qualité propre, *l'ordre véritable de la vie : l'ordre psychique.*

Derouge. — La métaphysique est dérisoire en ce qu'elle s'acharne à prouver la réalité du néant. En effet, votre méthode consiste à observer par le dedans. Vous mettez l'univers dans votre pensée pour le fabriquer à votre guise. L'univers existe cependant en dehors de nous et, pour observer, il faut savoir voir par le dehors et ne s'occuper que du dehors. Il suffit pour cela de s'en rapporter à l'intelligence.

Dr Sérénus. — Avec Socrate, Descartes, Kant, et M. Bergson, penseurs qui marquent les grands points de concentration de l'idée spiritualiste, la méthode a toujours consisté à voir par le dedans. Restez déterministe, mon ami, moi, je pense que plus on fixe son attention sur la continuité de la vie, plus on voit l'évolution organique se rapprocher de celle d'une conscience ou le passé presse contre le présent. On peut donc dire de la vie comme de la conscience qu'à chaque instant elle crée quelque chose.

Derouge. — Evolution... créatrice !

Dr Sérénus. — Allez, riez mon ami. Mais la vie est bien de l'ordre de l'esprit et non de l'ordre de l'intelligence qui n'est que *la partie de l'esprit adaptée et moulée sur la matière.*

***

Derouge. — Eh bien, je laisse mon esprit collé à la matière. Elle est la nature et la vie. Votre croyance à la vie intérieure, à la conscience, au moi, repose seulement sur la différence que vous faites entre l'organique et l'inorganique.

Dr Sénénus. — Et vous ne pouvez la voir cette différence essentielle.

Derouge. — Je vous demande pardon. Je suis assez convaincu pour aller jusqu'au bout de la théorie moniste.

Dr Sérénus. — Et alors?

Derouge. — Je nie cette différence.

D'Antan. — C'est le comble !

Derouge. — Je la nie parce que l'organique et l'inorganique que nous percevons se confondent dans un organique que nous ne voyons pas.

D'Antan. — Que veut-il dire?

Derouge. — Je sais que les éléments qui forment le cerveau sont les éléments ordinaires de la chimie, le carbone, l'azote, l'oxygène, l'hydrogène, etc. Par suite, je dois admettre que les éléments des substances brutes ont aussi leur conscience élémentaire. Le biologiste peut la deviner.

D'Antan. — Quelle énormité !

Derouge. — Que voulez-vous, j'y suis amené logiquement et je me moque des hurlements des dualistes. La conscience existe, mais elle fait partie des forces matérielles qui sont tout l'univers, et l'univers malgré ses apparences de diversité, *est déterminé par lui-même.* La vie est donc bien pour moi, *de l'ordre de la matière*, puisque je ne puis voir que la matière. Par suite, *les phénomènes de conscience fusionnent en elle.*

Dr Sérénus. — Parbleu, l'intellectualisme vous y ramènera toujours.

Derouge. — Et il aura raison. Mais ne croyez pas que M. le Dantec reste seul, en France, à rejeter l'individualisme.

Dr Sérénus. — Bien d'autres esprits modernes s'attaquent en effet à l'individualisme ou le défendent. Parmi ceux-ci je citerai les éminents penseurs, Renouvier, Guyau, Fouillée, Poincaré. Parmi ses ennemis Derouge a choisi le plus radical. Mais, beaucoup de penseurs, tout en reconnaissant l'individu le font absorber par la société. M. Durkheim, par exemple, estime que les sociétés sont des réalités dans lesquelles se résout l'individu. Bonnald, A. Compte et Paul Bourget estiment à leur tour que la famille, la nation, l'humanité constituent les réalités dernières. Pour M. Lévy-Bruhl il faut chercher le véritable individu dans le groupe.

D'Antan. — Ces idées me semblent parfaitement justes.

Dr Sérénus. — J'estime qu'elles sont absolument fausses.

D'Antan. — Parce que?

Dr Sérénus. — Les collectivités peuvent favoriser l'individu, elles ne peuvent le créer. Elles n'ont d'influence sur lui que par l'action d'autres individualités. Il est absolument faux de dire avec M. Roberty que le psychique est entièrement réductible au social et qu'il est de nature purement collective. Il est encore plus faux de dire avec M. de Gumplowiez que ce qui pense dans l'homme ce n'est pas lui, mais « la communauté ». Il est encore plus et plus faux de dire avec M. Durkheim que « l'individu est un produit plus qu'un producteur, que l'âme est la fille de la société et la conscience de l'individu un effet des sociétés ». Tout ceci est faux, absolument faux, radicalement faux, parce que la conscience individuelle semble être *la réalité fondamentale, l'explication dernière de la vie.*

SIXIÈME SOIRÉE

CONCLUSION

Derouge. — Allons, allons, Dr Sérénus, ce n'est pas possible que vous mainteniez votre dernière assertion.

Il serait plus exact de dire que la conscience individuelle est le prétexte de toutes les traditions conservatrices de la société capitaliste et bourgeoise. Voici pourquoi nous autres révolutionnaires nous voulons balayer l'erreur, le mensonge et l'injustice, pour faire place à la vérité, à la loyauté et à la justice. Nous n'admettons pas l'humanitarisme moderne, nous repoussons avec dédain la pitié de l Etat comme la pitié d'un bourgeois. En face d'une classe affamée, ignominieusement insatiable et toujours plus riche, en face de la politique, son instrument quelle que soit l'étiquette des partis, nous dressons un prolétariat révolutionnaire, fort, non pas de ses droits, mais de ses devoirs.

D'Antan. — Tiens, le voici moraliste.

Derouge. — Parfaitement.

D'Antan. — Vous êtes ridicule.

Derouge. — Et vous, mon ami, vous ne savez pas ce que voulez.

D'Antan. — Par exemple !

Derouge. — Tantôt vous attaquez l'individualisme, tantôt vous défendez le principe « d'individualisation ». Les fervents de l'Action française, dont vous êtes, s'en prennent avec rage à l'individualisme qu'ils abominent. Vous devriez bien comprendre que l'individualisme est la conséquence du principe « d'individualisation » que vous défendez pourtant dans vos lois sociales lorsque vous réclamez sans cesse la protection du droit de propriété. Vous lancez des anathèmes contre l'individualisme en morale, mais vous le chérissez en sociologie. Ceci est incompréhensible. D'ailleurs, en cette matière, vous n'y voyez pas plus loin que votre nez. Vous êtes aveuglé par votre conception unique du droit autoritaire de l'Etat. Vous ne comprenez qu'un mot : l'ordre. Vous le vantez comme le seul moyen de régénération sociale. J'y vois pourtant le très simple prétexte politique d'une classe.

D'Antan. — Lequel ?

Derouge. — Celui de la main mise de la ploutocratie bourgeoise sur les forces vives de la nation.

D'Antan. — Toujours la même rengaine. Elle n'a rien à voir avec l'individualisme.

Derouge. — Si, puisque je prétends que le principe « d'individualisation » que vous défendez en sociologie est responsable des tyrannies infligées à l'humanité grâce aux éternelles traditions contraires aux données exactes de la science.

Dr Sérénus. — Un biologiste peut ne pas avoir vos idées en sociologie.

Derouge. — Je ne dis pas le contraire. Je me suis contenté d'expliquer comment mes idées radicalement destructrices sont déduites de la science exacte. Elle me démontre clairement la fausseté du principe « d'individualisation ». Je dis à l'ami d'Antan *que je ne m'explique pas son horreur de l'individualisme puisque, selon moi, le principe de « l'individualisation » est là pour défendre logiquement toutes les idées conservatrices.*

Dr Sérénus. — Et vous avez parfaitement raison.

D'Antan. — Voyons, docteur Sérénus, vous n'allez pas vous rallier au destructeur !

Dr Sérénus. — Rassurez-vous, d'Antan.

D'Antan. — Alors ?

Dr Sérénus. — Derouge s'étonne justement que le parti conservateur, qui, en matière de sociologie, reconnaît le droit de propriété, n'admette pas l'individualisme en morale. Il y a là une contradiction flagrante.

D'Antan. — Non, car, en morale, l'*individualisme devient une école d'immoralité*, tandis qu'en sociologie il sert à défendre un droit, raison de toutes les lois sociales.

Dr Sérénus. — Votre conception religieuse de la vie est individualiste... malgré vous... Je vous ai déjà dit que si vous daigniez réfléchir vous auriez compris, qu'en morale, l'individualisme a pour conséquence l'altruisme que vous souhaitez, et que, *s'attaquer au premier, c'est rendre le second impossible.*

D'Antan. — Je vous ai déjà dit que je ne serai jamais de cet avis. La morale sert à démontrer que l'homme doit avoir les yeux constamment dirigés sur ses semblables. Voici le sens de la vertu, de la sublime charité chrétienne.

Dr Sérénus. — Mais encore faut-il que l'homme soit capable de la pratiquer. Encore faut-il qu'il possède profondément le sens de sa responsabilité. L'école morale de l'individualisme tend avant tout à lui donner *ce sens précis de la responsabilité.* Vous comprenez en partie la nécessité de ce sentiment en sociologie : ici vous êtes individualiste ; vous le supprimez en morale : ici vous êtes nihiliste. Les deux principes sont pourtant inconciliables.

D'Antan. — Nihiliste ! Merci ! Le dualisme est partout et toujours inévitable. Notre pensée ne peut s'en dégager lorsqu'elle ne se laisse pas annihiler par la biologie, par les phénomènes physico-chimiques, par les horreurs de la science.

Derouge. — Salut Descartes !

D'Antan. — Oui, je salue le plus grand esprit de l'humanité, la gloire immortelle de la France.

Derouge. — Mon Dieu !

D'Antan. — Vous êtes épouvantable !

Derouge. — Parce que j'admire votre esprit simpliste et la puissance de votre atavisme ?

D'Antan. — Vous n'avez jamais compris le dualisme.

Derouge. — Apprenez-le moi.

D'Antan. — La matière est ce que nous voyons, les images qui nous enveloppent ; l'esprit appartient à un monde occulte que notre conscience nous met à même de pressentir. En économie, nous restons dans le monde de la matière, et la nécessité de l'individualisme s'impose par les résultats palpables des efforts individuels de l'homme, efforts qui ont créé la propriété et le capital. *Ici la loi doit intervenir pour conserver à l'homme le produit de ses efforts.*

Derouge. — Le vol !

D'Antan. — Salut Prudhon !

Derouge. — Bien ! Faites-moi entrer maintenant dans le monde occulte.

D'Antan. — Dans le monde de la pensée, *la morale a pour mission de réagir constamment contre les influences naturelles. Là on voit le danger de l'individualisme, école de l'exaltation du moi.* L'homme y apprend la beauté et la noblesse de la charité, du sentiment de la pitié, de l'esprit de sacrifice, du sentiment du devoir, de l'altruisme chrétien : *ici l'individualisme disparaît en fumée devant l'idée de Dieu.*

Derouge. — Nous y voilà ! Pauvre homme ! O puissance de l'atavisme !

D'Antan. — Vous êtes abominable !

Derouge. — Donnons-nous la main au contraire. Ne sommes-nous pas tous deux des ennemis déclarés des principes moraux de l'individualisme. Deux chemins différents mènent souvent au même but.

Dr Sérénus. — *Qui est de détruire les principes fondamentaux de la morale sociale.*

D'Antan. — Allons bon. Me voici destructeur, moi le réactionnaire.

Dr Sérénus. — Destructeur inconscient. Réactionnaire ne veut pas dire conservateur.

D'Antan. — Vous passez votre temps à faire des distinctions vaines.

Dr Sérénus. — En ne confondant pas M. Barrès avec M. Bourget ? Je vous cite ces deux noms car le premier est un type de conservateur et le second un type de réactionnaire.

Derouge. — Je reconnais que vous êtes conservateur car vos principes ont pour but d'assurer à l'homme sa personnalité, ses droits et les produits de ses efforts.

D'Antan. — Et moi, je ne suis pas conservateur !

Derouge. — Vous êtes réactionnaire, parce que vous êtes obsédé par l'idée de réagir à l'aide de l'Etat sans vous préoccuper des conditions sociales que réclament les nécessités économiques, dans l'intérêt même du régime capitaliste. Vous ne comprenez pas les idées des libre-échangistes. Toutes vos idées sont des entraves au progrès ! Vous êtes l'empêcheur et le gêneur des efforts de la civilisation. Vous êtes réactionnaire ! Le docteur Sérénus, lui, est *radicalement conservateur, conservateur logique du droit de propriété et du principe « d'individualisation » partout et toujours.* Voici bien l'ennemi dangereux pour mes idées. Quant à vous, vous les facilitez singulièrement.

D'Antan. — Vous dépassez la mesure !

Derouge. — Vous êtes le bourgeois qui prône naïvement que l'Etat est là pour protéger le riche aux dépens du pauvre, et que la richesse générale est là pour permettre à une minorité de jouir, et que les religions sont là pour faire patienter le pauvre pendant que le riche boit à toutes les coupes tendues par le plaisir.

D'Antan. — Le voici sur son terrain.

Derouge. — Oui, celui de la justice. Vous donnez sans cesse, vous et les vôtres, de merveilleux arguments pour démontrer qu'elle n'existe pas.

D'Antan. — Et le docteur Sérénus ?

Derouge. — Avec lui c'est autre chose.

D'Antan. — Pourquoi ?

Derouge. — Ses principes économiques proviennent d'un sentiment de justice sociale indéniable. Il défend le droit de propriété, mais en exigeant fermement que le capital ne soit pas protégé. En morale, son idée du droit donne à l'individu le moyen de se défendre contre les abus du principe d'autorité.

D'Antan. — Rangez-vous donc à son avis.

Derouge. — Je ne puis, car ses idées sont vaines étant la conséquence du principe « d'individualisation ». Je nie ce principe qui, facilitant les spéculations métaphysiques, nuit à la vérité, j'entends l'athéisme.

D'Antan. — Mais enfin quelle est votre idée de la vie ?

Derouge. — Pour l'athée, la conception de la vie devient tout à fait simple : l'Idéal religieux se présente à lui comme un rêve d'enfant qui le fait sourire sans haine ni mépris. Si sa conscience ne lui donne plus d'ordres, son intelligence lui donne des indications. Pour l'athée moderne, les principes s'effondrent.

D'Antan. — Que reste-t-il?

Derouge. — Des lois humaines et sociales, dictées par le sentiment du devoir des sociétés envers elles-mêmes. Il est imposé par celui de la justice. Elle précise toute la conduite de la vie. C'est bien en son nom que doit être dicté l'ordre de la transformation des sociétés. Je vous l'ai déjà dit, elles sont organisées actuellement au profit d'une minorité. *La justice veut qu'elles s'organisent légalement au profit du plus grand nombre.* Mais il est urgent de détruire les institutions qui, si elles ont eu leur raison d'être dans le passé, n'en ont plus aucune au degré de notre civilisation. Dans l'ordre politique il faut que le prolétariat s'approprie l'Etat. Dans l'ordre social il faut oublier avec le droit de propriété, l'idée de patrie garantie odieuse du règne de la ploutocratie bourgeoise ; il faut semer l'esprit d'indiscipline dans l'institution criminelle des armées permanentes. Dans l'ordre moral, il faut anéantir les religions, erreurs dangereuses en tant qu'instruments de soumission à des initiés peu scrupuleux, supprimer le mariage, libérer la femme, rendre enfin l'humanité à la vie. Par l'idée de grève générale, par l'esprit de révolte semé dans l'armée, la révolution sociale se prépare avec d'autant plus de sûreté que les partis politiques activent la banqueroute financière. Notre programme devra se réaliser dans les autres pays : *les rapports internationaux entre révolutionnaires ont une importance primordiale.* Il faut aussi laisser prospérer la corruption partout, encenser les institutions capitalistes telles que le protectionnisme sous toutes ses formes : elles préparent la faillite définitive du régime capitaliste par la banqueroute de l'Etat. Alors, après une période de tourmente révolutionnaire, occasionnée par la grève générale, les sociétés se reformeront sur des bases nouvelles, celles des groupements organisés d'associations où, *le droit de propriété étant supprimé,* l'individu ne sera plus qu'un engrenage docile agissant dans l'intérêt du groupe. *La forme actuelle du syndicat est le germe de la société future.* Par leurs intérêts de solidarité réciproque les syndicats s'assureront eux-mêmes par l'épargne contre le risque de la concurrence rendue générale par la suppression des frontières. Le docteur Sérénus vous a expliqué les avantages certains du libre échange qui doit en effet favoriser inévitablement l'essor de la richesse générale. Le sentiment de la justice, celui de la solidarité, celui du travail remplaceront les religions stupides qui rabaissent l'homme au niveau de l'enfant et la femme à celui de l'esclave. La morale de l'avenir sera celle de l'athéisme le plus radical, c'est-à-dire celle de la modestie, de la vérité et de la justice.

D'Antan. — Fou à lier.

Derouge. — Ici, je vous réciterai cette phrase de l'admirable Le Dantec. Le maître ne partage pas, hélas ! nos idées révolutionnaires ; il est regrettable que ce penseur ne se rende pas compte de la portée pratique de son génie. Je lui cède la parole : « C'est en se faisant aimer, que l'athée honnête homme, dupe forcée de sa conscience exigeante, tire parti de la conscience morale des autres, et les dupe à son tour. Car il les dupe en se faisant aimer, puisque, même satisfait de lui-même dans sa conscience, il ne s'aime pas ; il sait trop que le déterminisme exclut le mérite et la responsabilité ; il est comme il est sans avoir pu être autrement ; mais il accorde volontiers du mérite aux autres puisqu'il sait que les autres se croient responsables. » Et plus loin : « N'ayant pas de personnalité, il ne s'accorde aucun droit contre les autres qui se croient des individus. Il ne s'accorde aucun droit, mais sa conscience morale lui impose des devoirs, et les ordres de la conscience ne se discutent pas avec de la raison. Ainsi l'athée a une conscience morale qui ne lui sert que contre lui-même, parce qu'il est entouré de gens qui se croient libres et responsables, qui, par conséquent, se reconnaissent des droits. Une société d'athées serait comparable à une société de moines vraiment croyants. L'absence de l'idée de Dieu et son plein développement, produiraient les mêmes conséquences ; les extrêmes se touchent. Chez l'athée qui, par raison, n'admet plus aucun principe, la survivance sentimentale de la conscience morale prend donc le caractère d'une sensiblerie maladive qui peut le rendre pitoyable aux êtres méchants et aux animaux nuisibles. »

Voici comment la société moderne construite sur le principe de « l'individualisation », c'est-à-dire de l'erreur, de l'envie partout et de l'injustice, sera reconstruite sur celui de la morale naturelle. Si l'Etat n'est rien, si la société n'est qu'un effet, le groupement des mêmes intérêts est la seule base de la société, parce qu'il n'est plus un effet, mais une cause. C'est par l'union de l'effort que les individus (concession de langage) parviennent à un résultat. Qu'ils ne réalisent pas cette union commune et les forces disséminées n'auront plus aucun effet. Voici ce que Durkheim, Levy Bruhl et les sociologues ennemis du Dr Sérénus ont parfaitement compris; *voici pourquoi l'individualisme est une utopie*. De même qu'en biologie la science nous défend de percevoir l'individualité puisqu'elle ne voit comme fait que l'action des forces physico-chimiques, de même en sociologie, *elle subordonne l'individu aux groupements des mêmes intérêts parce qu'ils doivent être reconnus comme les seules forces sociales effectives*. Dès lors, le droit de l'individu est définitivement remplacé par *le devoir des sociétés envers elles-mêmes*, et voici comment l'œuvre de la révolution conserve toujours le caractère du sublime par son imposante, noble et courageuse action de destruction au nom de la justice et de la vérité.

D'Antan. — Ouf...! Eh bien! mon sauvage, vos idées détestables ne sont que la suite navrante du mouvement positiviste qui, depuis cinquante ans, venu de France, trouble le monde. C'est en réalité une levée de boucliers qui a pour mobile la haine du Christianisme et, pour but, la rupture avec l'idée d'au delà. Il en résulte que notre société donne un spectacle navrant. On y pratique la chasse à l'idée de Dieu, on l'exerce avec une logique inexorable et un succès croissant. Vers le milieu du XIXe siècle, on s'est mis à bannir Dieu partout. On l'a expulsé de la constitution, expulsé de l'école, expulsé du prétoire, et ce nom, qu'un Descartes, qu'un Newton, que la France, l'Allemagne et l'Angleterre ne prononçaient qu'avec un respectueux attendrissement, ce nom sacré n'éveille plus que le souvenir d'un rêve de gamin. Je dirai plus, il a quelque chose de honteux et c'est accomplir un acte de courage que de le prononcer. Oui, la devise des Comte, des Littré, des Renan, des Stuart Mill a triomphé. La voici passée dans nos institutions politiques et sociales, la voici venir dans nos mœurs ; voyez-la s'avancer toujours plus à fond, déracinant peu à peu les traditions les plus sacrées, celles qui ont fait la force et la gloire de la France. Oui, Derouge, vous incarnez la rage intrépide et tenace dans la négation du divin, en même temps que le dessein discipliné d'en effacer jusqu'au dernier vestige. Mais ce n'est pas tout : il n'a pas suffi d'obscurcir la croyance religieuse, il vous faut réaliser en morale le culte de la personne. Et les naïfs de l'école du Dr Sérénus exigent *son droit de ne relever que d'elle-même.* Voici pourquoi vous travaillez à faire sauter tous les obstacles qui gênent le moindre de ses caprices : après Dieu, c'est aux traditions que vous vous en prenez. Vous les détruirez par l'instruction laïque. Il faudra donc que l'école s'ouvre à la pensée moderne, et que, dès l'enfance, le citoyen boive à la coupe libératrice du progrès. Sous la direction de maîtres habiles, l'enfant apprendra qu'il n'a point de père dans le ciel, qu'il est le produit fatal de l'aveugle nécessité et qu'il mourra comme le fruit mûr tombe de l'arbre. Alors l'émancipation de l'individu pénétrera dans les mœurs, et l'exaltation du moi préservera l'intangibilité de l'individu. Mais l'humanité qui entend déjà gronder le déchaînement des vices et des passions fermentant sans répit au fond de l'âme humaine, l'humanité tremblera devant la marée sans cesse montante du crime, elle tremblera devant la disparition de l'ordre et de la sécurité. La contagion de l'arrivisme général aura suscité la lutte impitoyable de chacun contre chacun, et les hommes auront peur. Alors, avec la faillite du rationalisme et du positivisme, ce sera celle de l'individualisme. Toute idée de morale sera désormais remplacée par l'idée de science pure, ce sera le règne du « scientisme », ce sera le règne de l'ami Derouge. On rendra l'individualisme responsable du désordre, et la science triomphante sera substituée à tout système de philosophie. On n'enseignera plus que des faits et le prestige de la méthode scientifique intransigeante ira grandissant. Derouge nous a découvert l'orientation qui sera donnée aux idées. En effet, la science ne nous avertit point que ceci est meilleur que cela ;

elle nous déclare simplement que ceci est ou cela n'est pas. La science ne présente point des jugements de « valeurs », elle ne peut agir que par des jugements d'existence : il n'y a ni bien ni mal. La tâche du moraliste n'a donc plus de raison. Le « scientiste » se contentera d'étudier les mœurs de l'homme comme le naturaliste étudie ceux des insectes. Ce sera le règne de l'amoralisme. Dès lors, toute autorité morale, civile ou militaire s'écroulera. L'union libre de l'homme et de la femme sera reconnue nécessaire : les enfants seront élevés par les syndicats. L'individualisme ne sera plus de mode et, cependant, il conservera ce qu'il renferme de pire, je veux dire l'égotisme le plus effréné. En effet, par la suppression du droit de propriété, l'homme ne sera plus libre de jouir du produit de ses efforts, mais il lui sera permis de s'adonner avec frénésie aux instincts les plus pervers de ses sens. La liberté de travail sera supprimée, mais la liberté des instincts sera déchaînée. Ce sera le règne de la volupté, de la volupté victorieuse de la vertu reine de la vie. Le souffle glacial de la science figera tout rêve d'esthétique comme le vent de l'hiver dessèche la fleur de serre chaude tombée de la main du poète. Devant la pensée engourdie, privée d'Idéal, un immense univers se déroulera muet, insondable ; il s'étendra sombre, uni, terrifiant. La vie se propagera, désolante comme l'aveugle fatalité. Et dans l'immense désolation l'homme flottera comme une barque désemparée au milieu d'une mer de glaçons ; sa naissance et le moindre de ses actes sera déterminé par l'implacable fatalité, et puis ce sera la mort, la mort sans retour, la mort sans espoir, la fin fatale, le retour à la matière : alors le déterminisme ennemi jaloux de l'esthétique, recouvrira cet univers lamentable comme d'un couvercle d'airain, car, dans ce monde où tout s'entre-détruira, la source d'espérance aura été tarie par la science. Voici, mes amis, l'état d'esprit et l'Idéal de la civilisation rêvés par le nihilisme révolutionnaire, où nous conduisent les idées radicales et démocrates du citoyen Derouge. Voici dans quelle région désolée se complaît le scientisme moderne, voici les régions dévastées que laisseront après leur passage les souffles du rationnalisme et du positivisme. Malgré tout, il me tarde de voir l'humanité traverser ce désert de glaces.

Dr Sérénus. — Je ne vous comprends plus.

D'Antan. — La science moderne oblige l'homme à ne voir que le fait, rien que le fait ; elle l'objective en quelque sorte, elle le force à sortir de lui-même pour ne s'occuper que des phénomènes extérieurs, elle le force à croire qu'il fait partie de ce monde extérieur et que le « moi » qu'il croit sentir n'est qu'une illusion. *La vie intérieure n'existe plus.*

Dr Sérénus. — Oui, et nous déplorons tous deux cette intransigeance.

D'Antan. — Mais attendez. Il faut que l'humanité fasse l'expérience du « scientisme » pour s'en dégoûter, car soyez certain qu'au moment où ses adeptes croiront triompher, une élite régénérée surgira peu à peu comme les chrétiens de l'antique Rome qui, sur les ruines fumantes du paganisme, édifièrent notre civilisation. Ils représentaient l'idée du vrai Dieu que la décadence avait perdu. Soyez certain, mon ami, qu'à l'heure de cette débâcle fatale, et que je voudrais prochaine, qu'à l'heure de cette débâcle occasionnée par le triomphe momentané du « scientisme », de nouveaux êtres d'élite parviendront à sauver l'humanité : c'est qu'au moment du dégoût général, de l'homme envers l'homme, l'expérience atroce éveillera le souvenir du jadis et son désir. Des êtres purifiés par le réveil de la foi sauront alors puiser dans la vie intérieure, ce miroir fidèle de la volonté divine, le seul idéal dont l'homme a besoin : *l'espoir par la croyance en Dieu.*

Derouge. — Pauvre, pauvre ami ! Le prestige qu'exerce de plus en plus sur les esprits la prodigieuse fécondité de la méthode scientifique rendra impossible ce retour vers le passé qui peut s'expliquer aux époques où les civilisations étaient moins avancées.

D'Antan. — Ce que vous appelez science n'est au fond qu'une croyance. Au sens rigoureux du mot il ne peut y avoir de science. Vous parlez sans cesse dans votre langage scientifique de forces qui n'ont point de mouvements apparents, vous ne parlez que d'énergie, d'atômes, d'éther, etc... Tous ces phénomènes sont situés en dehors de notre intuition : ces choses font partie du domaine de « l'invisible ». Eh ! bien, mon ami, *l'invisible c'est la substance même de la foi.*

Derouge. — Illuminé !

D'Antan. — Soit. Mais je ne serai jamais le seul. Nous n'avons que des croyances. Parmi toutes, i s'agit de choisir la mieux fondée. Oui, je le sais, le choix vous est facile. Pour vous, le « scientiste », l'univers n'est qu'un système de fins qui se réalisent par elles-mêmes en dehors de toute intervention libre, puisque le déterminisme est absolu. Bien. Mais pour que cette croyance soit à même de prévaloir, il faudrait être sûr que le monde ne pourrait être autre qu'il est, je veux dire que pour nous permettre de déclarer l'athéisme vainqueur, il faudrait que la science nous démontrât de façon irréfutable que, nulle part, nous ne trouvons d'indices d'un dessein bien concerté. Or, il semble bien au contraire, que les données expérimentales sont là pour accumuler ces indices. Leur harmonie se montre au ciel et sur la terre, elle augmente à mesure qu'on s'élève du règne minéral au règne vivant, elle devient aveuglante si l'on analyse par quelle industrie admirable la cellule se développe et se différencie jusqu'au moment de produire un être organisé capable d'agir et de penser. Vous répondrez que l'harmonie de la vie tient à l'essence des choses déterminées partout et toujours. Mais il faudrait nous prouver que cette harmonie *ne pouvait pas ne pas être autre*, car faites-y bien attention, si la moindre contingence se laisse percevoir, tout votre système s'écroule Or, les données expérimentales nous portent à croire de façon irréfutable *que tout phénomène pourrait être autre, et qu'il n'est pas nécessairement ce qu'il est.* En un mot, tout nous porte à croire que la nature ne possède à chaque instant que certaines formes, alors qu'elle serait susceptible d'en avoir d'autres. Alors, d'où vient que ces énergies qui composent la vie s'ajustent comme les ressorts d'un chronomètre ? Comment se fait-il qu'il y ait un monde et non point un tourbillon désordonné ?

Derouge. — Il y a eu ce tourbillon, mais, peu à peu, par le déterminisme des forces, *et par tâtonnements, ce qui explique la possibilité de formes autres*, la matière est parvenue à produire ce qui fait votre admiration.

D'Antan. — *Le bon sens, sans parti pris*, vous répondra que si la nature existait d'elle-même elle vous offrirait tous les inconvénients du désordre le plus complet. L'ordre n'en pouvait sortir. Pour le créer, il fallait bien une cause extérieure à la nature. Il a fallu de plus qu'en le créant, Dieu ajustât et proportionnât tous les éléments, qu'il créât la loi d'où devait par degrés s'organiser l'harmonie actuelle. *C'est bien cette loi créée par Dieu et que vous ne pouvez expliquer que vous appelez le déterminisme général.*

Derouge. — Je vous laisse radoter. Je suis las.

D'Antan. — Je suis un enfant pour vous, soit. Mais attention, pauvres ignorants. C'est la justice que vous invoquez sans cesse, c'est la justice qui est la religion de votre athéisme.

Derouge. — Le mot religion est inutile. Justice par l'athéisme, voici la devise moderne.

D'Antan. — Eh ! bien, vous n'êtes pas athée.

Derouge. — Voilà qui est trop fort.

D'Antan. — Un homme d'action ne peut être athée.

Derouge. — Mais pourquoi donc ?

D'Antan. — Tout d'abord l'athée, par raison, n'admet aucun principe : la justice est un principe. S'il était vraiment athée, l'homme d'action serait désarmé dans la lutte, parce qu'il ne pourrait être animé par un sentiment de haine ou de vengeance, encore moins par un Idéal. L'absence totale de sentiment et par suite de principe, en ferait pour la lutte une masse inerte. Le Dr Sérénus, au milieu de « l'imbroglio » de ses utopies vous a fait ressortir la puissance effective du sentiment de l'Idéal. Il est impossible qu'un athée puisse attribuer une valeur absolue au principe de justice au nom duquel il agit. S'il n'y a pas de Dieu, la justice n'est qu'un reste d'hérédité comme tout sentiment humain.

Derouge. — Ceci est parfaitement exact.

D'Antan. — Mais alors !

Derouge. — Oui, mon cher d'Antan; la justice pas plus qu'aucun autre sentiment n'existe pour l'athée, pour le « scientiste » comme vous le nommez. *Humblement soumis* à la réalité des découvertes scientifiques, il peut s'écrier comme votre saint Augustin : « la première voie est l'humilité, la seconde est l'humilité, la troisième est l'humilité ».

D'Antan. — Blasphémateur infernal !

Derouge. — Soyez calme. D'Antan l'illuminé, Sérénus le naïf, font également sourire l'athée. N'oubliez pas, mon cher d'Antan, que de tout temps, à l'origine de chaque mouvement d'idées, il y eut des initiés. Leurs idées ne pouvant être comprises des masses, ils firent des concessions de langage, usèrent même de procédés plus ou moins honnêtes. Oui, en face de la science, l'athée révolutionnaire fait encore à l'humanité la concession de reconnaître le sentiment de justice et celui du devoir. Il agit ainsi par ce que ces concessions de langage sont nécessaires pour faire comprendre la nécessité de la révolution sociale. Mais après, dans un avenir lointain, que restera-t-il de la justice? Rien, pas plus que de Dieu. Soumis aux nécessités de son milieu, et discipliné par elles, l'homme travaillera et jouira : il travaillera même pour goûter en toute sécurité les fruits de la nature. A l'arbre de la vie, il les cueillera et, lorsqu'il n'aura plus la force de lever les bras, il se laissera reprendre par la matière sans gémir et sans espoir de retour. Telle est la destinée de la vie, à laquelle la science *nous ordonne* de nous soumettre, comme votre Dieu *vous ordonne* de vivre selon les principes de morale que vous inventez.

D'Antan. — Pauvre malheureux! Votre aveu prononce votre propre condamnation. Allez, les victimes de la science ne seront jamais qu'une minorité. L'âme humaine est là pour voir au delà du fait, elle est là pour pressentir l'au-delà, l'âme humaine contient tout un fond indéracinable d'aspirations inépuisables : *elle dépasse la nature parce qu'elle est faite pour l'infini.* L'âme humaine devant le vertige de l'infini réclame un absolu. Elle s'y cramponne avec une force irrésistible et dans le mysticisme s'y plonge tout entière. Et c'est ici qu'apparait la haute portée sociale de la relig'on catholique.

Derouge. — Je demande la fin du sermon.

D'Antan. — Les protestants inclinent vers une sorte de mysticisme panthéiste : l'individu semble s'évanouir dans l'infinité de Dieu, il n'est plus que l'organe d'une pensée universelle, il s'absorbe complètement dans celle de l'esprit, il se sent confondu avec la source universelle de la vie. Le mysticisme est un grand danger, car il présente les mêmes effets débilitants pour l'esprit que l'athéisme, en conservant toutefois l'espoir. Dans le catholicisme au contraire, l'âme vit bien encore par Dieu et de Dieu. Cependant elle ne s'identifie pas avec lui ; elle en demeure même radicalement distincte. Si le créateur est présent sans cesse, il n'absorbe pas totalement l'individu. *Le principe de l'action si nécessaire au point de vue social reste alors intact.* De plus il faut qu'il y ait sur la terre une autorité suprême pour conserver dans leur pureté les croyances nécessaires à la vie moderne : c'est l'Eglise qui la représente dans son chef infaillible à Rome.

Derouge. — Poliment, la République le laisse à sa place.

D'Antan. — Un jour viendra où la nécessité de fondre le pouvoir exécutif représenté par l'Etat, mais assuré par le roi, avec le principe moral représenté par le christianisme, mais assuré par l'Eglise, sera reconnu définitivement indispensable à la prospérité de la société.

Derouge. — Louis XIV est mort.

D'Antan. — Il faudra bien que l'humanité s'inspire des principes qui ont fait la gloire de la France. Le domaine de la morale revient à l'Eglise, le domaine de l'ordre revient à l'Etat. Il appartient à ce dernier de faire respecter l'Eglise gardienne de la morale, d'assurer l'ordre, d'organiser le travail et de protéger la production nationale, afin d'éviter le cataclysme préparé par vos utopies Dr Sérénus, vos infamies, vos abominations, Derouge.

Derouge. — Singulière absolution !

D'Antan. — La voici : Vous êtes sincères. Continuez vos œuvres de destruction. Elles commencent avec l'individualisme et le libéralisme du docteur Sérénus qui, se laissant constamment guider par l'idée, néglige toujours la réalité : ses préceptes jettent alors dans l'esprit les semences de la révolte contre les principes de discipline morale et sociale. Elles continuent avec l'intransigeance aveugle de Derouge, dans la désolation du nihilisme. Mais avancez-la rapidement votre œuvre afin que les hommes lassés de vos expériences, interrogent enfin la sagesse de plus près : ils l'entenderont dès lors se prononcer définitivement pour l'existence d'un esprit transcendantal à la nature, le dogme des dogmes pour l'Eglise. L'heure du réveil de la pensée chrétienne aura sonné. Cette pensée souveraine que le Christ a révélée au monde comme une aurore pourra devenir ainsi un soleil qui éclairera l'univers.

Derouge. — Amen !

*
* *

Dr Sérénus. — Je m'incline devant le droit de votre croyance et ce respect fortifie ma foi dans mes utopies.

Derouge. — Assez, plus de discussion morale. Continuez, très pur docteur, à défendre une dernière fois votre libéralisme que d'Antan piétinait si dédaigneusement tout à l'heure.

D'Antan. — Seigneur ! Vous le faites revenir sur ses invraisemblances. Nous les connaissons par cœur !

Derouge. — Mais enfin se taira-t-il, ce fanatique. Vous êtes descendu de votre chaire, moi j'ai crié de la rue, que pour la dernière fois le docteur Sérénus pérore du haut de sa tour d'ivoire.

Dr Sérénus. — Ce révolutionnaire démocrate a des sentiments de gentilhomme.

D'Antan. — Vous avez raison. Je suis tenté de lui serrer la main.

Derouge. — Allons, écoutons notre excellent docteur.

Dr Sérénus. — Malgré les arguments qu'une sociologie de juste milieu invoque de nos jours, l'individu reste bien, socialement parlant, *l'unité dernière et autonome*. L'unité consciente, ce n'est pas le groupe, encore moins la société, mais l'individu ou, plus exactement, *l'être, l'être pensant, agis-*

sant sur l'ordre d'une volonté libre et réfléchie. Les théories anti-individualistes viennent se briser contre le fait psychologique de la volonté ; elles ne sont que verbiages devant le sens commun. Tout le progrès ne vient-il pas des innombrables apports particuliers? *La seule réalité concrète est la conscience individuelle et c'est l'ensemble des consciences qui compose la société.* Supprimez ou négligez ces consciences et du même coup vous anéantissez ou déprimez la société. Sans elle l'individu subsisterait encore, à l'état sauvage, soit, mais il subsisterait néanmoins; faute d'individus, la société serait inconcevable; de plus, sa prospérité se présente positivement *comme l'effet direct de la valeur personnelle de l'individu. Tout vient de la conscience, tout y revient.* Vous redoutez, d'Antan, l'exaltation du moi et vous avez raison. L'individualisme que vous attaquez est un déséquilibre, parce qu'il ramène tout à la personne et non à la conscience ; *celui que je demande est un équilibre, puisqu'il fait tout dépendre d'une harmonie logique des facultés.* Vous me reprochez vivement de négliger l'homme pour l'idée. A mon tour je vous reprocherai de généraliser vos observations et de sacrifier l'homme à l'humanité. *En ceci vous êtes socialiste : telle est bien l'erreur de nombreux chrétiens de notre temps.* Tout à l'opposé, l'individualisme observe sans répit l'homme et l'homme dans son milieu. Voici pourquoi il ne peut consentir à laisser imposer un Idéal à la généralité.

D'Antan. — Parbleu, vous la concevez parfaite, idéologue... !

Dr Sérénus. — Je constate qu'elle pourrait être meilleure. Il n'en ressort pas moins des observations de l'Idéologue que la conscience individuelle se présente comme un récepteur et un moteur : récepteur par les influences qu'elle subit, moteur par l'action de la volonté. C'est bien l'ensemble des consciences individuelles qui détermine la force des sociétés. Quel est le rôle du libéralisme et de l'individualisme ? *Ils donnent le moyen de conserver l'hygiène de la société parce qu'ils veillent à la conservation des forces qui la composent.* Vous le voyez, l'individualisme, loin d'être anarchiste, reste *positivement conservateur*. Il résulte de tout ceci que la société est faite pour l'individu et non l'individu pour la société. Alors, croyez-moi, le but de la morale devrait être *de permettre à chaque conscience d'obéir à sa propre évolution spirituelle.*

Derouge. — Vous voulez dire de réaliser sa propre nature.

D'Antan. — Je réclame une muselière !

Dr Sérénus. — De réaliser *sa nature psychique*, Derouge, et non sa nature physiologique.

Derouge. — C'est la seule.

Dr Sérénus. — Pour vous, nous le savons, mais j'expose un individualisme qui, s'appuyant sur la réalité de la conscience devient une théorie spirituelle. Pour l'individualisme, le « tout société » n'existe que par le lien des parties « individus ». *Le but c'est l'individu : la société n'est que le moyen et l'effet en même temps.* Il faut que, loin d'annihiler les individus, les sociétés aient pour mission de les fortifier. Je pense donc que la meilleure école est celle *du développement de l'initiative et de la volonté.* Qu'une société se compose de beaucoup d'individus de la valeur morale d'un Marchand et l'influence d'une élite saine perpétuera les qualités viriles qui font disparaître les dangers de la décadence. Les démocraties modernes sont conduites par des oligarchies formées par les partis politiques : *mais la véritable élite morale qui devrait être la seule élite directrice, manque. Voici le mal et le danger.* L'élite indispensable à toute nation, à toute civilisation, ne peut se recruter dans les sphères politiques : elle doit surgir du monde du travail, du monde de l'effort libre. Là, sur le terrain du travail productif, la sélection peut se faire à la rude école de la concurrence. Vous le voyez, mon cher d'Antan, l'individualisme libéral ne doit pas plus être confondu avec l'individualisme libertaire qu'avec le libéralisme philantropique de notre désolante révolution que je condamne absolument.

D'Antan. — A la bonne heure!

Derouge. — Vous condamnez en vain. Il n'y a pas eu encore de révolution. Notre révolution n'a été qu'une substitution de classes directrices au pouvoir. Mais attendez, la révolution sociale n'a pas encore dit seulement son premier mot.

Dr Sérénus. — Tout à l'opposé de l'individualisme libertaire, qui conduirait au même résultat que le nihilisme moniste et déterministe de Derouge, l'individualisme logique reconnait absolument la nécessité du principe d'autorité : seulement, au lieu de le placer dans le pouvoir d'un homme, *il le situe dans le prestige des principes de morale sociale, d'ordre politique et de jusiice individuelle.* En ce sens, il reste encore conforme aux traditions bien françaises, aux traditions et aux principes de notre grand Turgot. Ainsi, rassurez-vous, d'Antan, l'individualisme ne prêche nullement la révolte contre le sentiment de solidarité: tout au contraire, il respecte la famille, la patrie, les traditions. Il reste fidèle à ces réalités, mais il veille à ce que les traditions *ne nuisent jamais au développement dynamique de la personne.* C'est ainsi que souvent, les principes deviennent pour l'individualiste des appuis plus sûrs que les traditions, qui parfois contrarient la morale dynamique. Libéral et non libertaire, tolérant par principe, l'individualisme prescrit le respect des croyances. Son dogme, d'Antan, *la force par l'"initiative,* a pour but d'apprendre à la personne *à se réaliser d'elle-même* afin d'aider les moins forts à s'élever au même niveau. Bien loin d'abaisser le plus faible, l'individualisme apprend à le secourir. *La morale est le sens du devoir envers soi-même :* la conduite de la vie en découle. En effet, les devoirs que nous avons envers autrui ne dérivent-ils pas des devoirs que nous avons envers nous-mêmes? *La morale sociale découle donc bien de la morale individuelle.* Voici pourquoi, c'est commettre une grave erreur que de subordonner l'éthique à la sociologie. Réfléchissez, d'Antan, et vous reconnaîtrez que l'individualisme libéralement, parce que logiquement compris, *est la véritable école sociale de l'amour.*

D'Antan. — Ceci est le comble !

Dr Sérénus. — N'est-ce pas en raison de sa valeur morale et personnelle que l'homme aime et parvient à se faire aimer ? L'individualisme reste bien l'école du prestige. En ce sens, ce système de pensée agit encore dans l'esprit des traditions de la morale française. Oh ! je le sais, *la tradition vraiment libérale est totalement méconnue dans le monde politique.* Elle est pourtant admise par ces vrais français qui ne se laissent pas berner par les périodes bruyantes et cosmopolites de mots retentissants, et qui, par le goût du travail, l'amour de l'initiative, le respect de la liberté, perpétuent les qualités de la race. Notre époque serait propice à un mouvement d'idées sincèrement libérales, précisément parce qu'elles ne sont pas en vogue dans les sphères politiques. L'opinion est absolument lassée des agissements des partis ; les abus du parlementarisme lui donnent la nausée ; elle n'a plus aucune confiance dans les chefs irresponsables d'un gouvernement instable ; la méfiance est générale, et toute la vitalité productrice du pays souffre d'une gêne croissante. Et puis, l'anarchie politique européenne semble à son apogée. Le monde regarde la France et s'étonne. Les libertés individuelles sont menacées par les surenchères du protectionnisme et du socialisme, cependant que l'autorité des gouvernements européens est dangereusement atteinte par les syndicats. Pendant ce temps les masses continuent de souffrir et l'élite directrice qui devrait agir se dérobe et cache son écœurement. Il serait possible malgré tout à des hommes influents et riches de susciter une orientation commune vers un libéralisme éclairé : ce serait la seule manière de dissiper cette atmosphère de méfiance où le monde ne respire plus.

D'Antan. — En tout cas, la France moderne est le sol malheureusement propice aux discordes morales.

Dr Sérénus. — Si la France est le pays où les querelles de morale sont le plus intenses, cela tient à ce qu'il est divisé par son amour de la liberté d'un côté, par son attachement aux traditions de l'autre, excité aussi par son esprit de curiosité, et par l'attrait de l'inconnu.

D'Antan. — Tel est l'effet du progrès : le désarroi et la discorde.

Dr Sérénus. — Vous voulez dire que le progrès est l'effet de la vitalité. Si la France est divisée, c'est parce qu'elle cherche. Elle cherche parce qu'elle est vivante.

Elle est vivante malgré la politique, et son intelligence a fait d'elle le foyer du monde où tous les Idéals différents convergent en rayons intenses. Ah ! mes amis, la France est une terre féconde, et son sol nourricier de pensées, d'espoir et de confiance, est comme toujours, et plus que jamais, capable de fournir au monde ces abondantes moissons où la civilisation vient récolter les graines des plus fines qualités.

SEPTIÈME SOIRÉE

APPENDICE

1er janvier 1919.

D'Antan. — Que je suis heureux de vous retrouver, mon cher Docteur ! Quelle séparation.....! Et dans quelles circonstances.... ! Que de fois ma pensée, du fond de la Bretagne, s'est portée vers vous.

Dr Sérénus. — Admettant moins que jamais mon libéralisme.

D'Antan. — Je n'y songeais guère. Je savais votre pensée, si française au fond, unie à mon cœur de patriote, et cela me suffisait. Ah ! si nous avions été plus jeunes tous les deux.....! Enfin nous voici au 1er janvier 1919 avec la Victoire ! Quel admirable premier de l'an ! Et que de sujets à traiter, à sonder ! Mais nous n'avons que peu de temps. Ce sera pour une autre fois. Ah ! voyez-vous j'ai de nouveaux arguments contre votre libéralisme, et combien fondés. Nous nous rencontrerons de nouveau et vous verrez !

Dr Sérénus. — J'en serai enchanté. Vous me trouverez toujours prêt à me laisser convaincre.

D'Antan. — Et Derouge ! Ne vient-il pas aujourd'hui ? En voilà un « phénomène physico-chimique » qui m'a surpris !

Dr Sérénus. — Il y avait de quoi, en effet.

D'Antan. — Lui, lui l'anarchiste, lui l'amoraliste, lui le sans-patrie, s'est engagé comme simple poilu !

Dr Sérénus. — [illegible] gagné ses galons d'officier, la Légion d'Honneur et la Croix de Guerre avec quatre citations.

D'Antan. — Enfin quand donc verrai-je le docteur Sérénus surpris ?

Dr Sérénus. — Lorsque vous serez devenu libéral !

D'Antan. — Alors restez toujours impassible.

Dr Sérénus. — Ah ! j'entends les pas nerveux de notre poilu.

D'Antan. — Qu'il soit béni !

Derouge. — J'accepte votre sainte bénédiction, mon brave d'Antan. Mais, vous le savez, l'eau bénite n'a pas de prise sur moi.

D'Antan. — Je le sais. D'ailleurs je suis disposé à vous pardonner aujourd'hui toutes vos infamies. Tenez, je vous embrasse..., je vous embrasse sur les deux joues... En faisant ce geste je salue en vous les sentiments du devoir et du patriotisme.

Derouge. — C'est tout un, dualiste invétéré.

Dr Sérénus. — Le patriotisme se déterminerait-t-il en la personne de Derouge ?

D'Antan. — Certainement puisque Derouge est devenu un héros français.

Dr Sérénus. — C'est qu'aux heures de la longue

tragédie et dès le début, tous les enfants de la France, depuis le curé de campagne jusqu'au plus farouche révolutionnaire, se sont donnés sans compter. Ceux qui reviennent sont des héros ; ceux qui sont tombés sur le champ de la gloire auront cristallisé dans le souvenir des siècles à venir l'Idéal sacré au nom duquel ils sont devenus : nos morts.

D'Antan. — Grand patriote Derouge, comptez-nous vos exploits.

Derouge. — Je ne m'en souviens plus: En revanche je m'aperçois que l'ami d'Antan se prononce toujours trop vite.

D'Antan. — Allons donc ?

Derouge. — Je ne suis pas un patriote. Le Dr Sérénus l'avait deviné. Je n'ai pas agi comme tel.

D'Antan. — Mais alors ?

Derouge. — J'ai agi fort simplement, comme tout homme de bon sens, dans le but de payer ma part de dévouement à la cause sacrée de la justice.

Dr Sérénus. — Et voici comment les Français ont démontré par des actes, et d'un geste spontané, que le mot France, dans cette effroyable guerre, était synonyme du mot justice.

Derouge. — C'est exact.

D'Antan. — Et vous avez pu tolérer le joug militaire ?

Derouge. — L'homme convaincu ne peut-il supporter tous les supplices.

D'Antan. — Tel que je vous connais, je ne puis me l'expliquer.

Derouge. — Je me suis replié sur moi-même,

maîtrisant ma pensée. Ensuite j'ai laissé agir la brute.

D'Antan. — Et puis?

Derouge. — D'abord simple territorial j'ai fait le terrassier. Là j'ai connu le « marmitage » des pièces à longue portée, singulière musique de grosse caisse; ensuite, passé sur ma demande dans un régiment de coloniaux je me suis habitué à la « grande danse », au charivari des formidables attaques données et reçues : ce fut la Champagne, la Somme, Verdun, le coup boche de mars 1918 et notre riposte victorieuse à partir de juillet. J'ai gardé de la vie des tranchées, de la boue, du sifflement des balles, des éclatements si variés des différents obus, des gaz toxiques, des horreurs effroyables de cette guerre un souvenir de cauchemar.

D'Antan. — Pouvez-vous le résumer?

Derouge — C'est que la guerre est une chose innomable! Mais que l'homme du peuple, le simple poilu s'y révèle comme un être transcendental dans sa sublime simplicité face à face avec le terrible.

D'Antan. — Oui, la France ne glorifiera jamais assez son peuple, sa race, son sang : le poilu français.

Dr Sérénus. — Dès le début de la guerre notre peuple a fait preuve d'un enthousiasme indescriptible Puis dans la suite, et surtout aux heures tragiques du grand danger, l'enthousiasme a fait place à cette ténacité qui a fait et fera toujours l'admiration du monde.

D'Antan. — Et maintenant que la France se

dresse devant les nations étonnées, sublime comme l'ange exterminateur, qui la maintiendra dans cette attitude.

Derouge. — Il n'est pas nécessaire qu'elle la conserve?

D'Antan. — Il faut que la France se confirme comme étant capable de continuer sa marche héroïque vers la voie de relèvement dont elle vient de tracer le lumineux sillon. Mais après avoir tant admiré, je doute hélas, hélas !

Derouge. — C'est votre rôle, seigneur hélas.

D'Antan. — Je n'ai pas de rôle. Je souffre profondément des erreurs et des maux de mon temps et je gémis encore plus en tant que français. Le vieux patriote se plaint de ce que des criminels cherchent à faire de sa race et il s'indigne d'autant plus qu'il sait ce qu'elle vaut.

Derouge. — Oui... Nous savons.

D'Antan. — Vous ne savez rien du tout. Vous ne vous connaissez même pas vous-même.

Derouge. — Il va nous déclencher une offensive !

D'Antan. — Vous êtes un héros inconscient, un héros comme tout soldat français. Par votre acte, toute la France a parlé : il a porté le sceau de cette générosité unique qui donne à la France son véritable caractère de noblesse.

Derouge. — Je ne puis cependant mettre mon masque.

D'Antan. — Contre l'ennemi brutal de tout sentiment d'Idéal la France s'est dressée spontanément, découvrant à nu la générosité de son âme. L'histoire en perpétuera le souvenir.

Derouge. — Il n'y a pas de quoi vous désoler.

D'Antan. — Non certes. Mais n'y a-t-il pas lieu de se demander comment la République s'y prendra pour profiter de l'occasion miraculeuse d'achever la régénération du pays.

Derouge. — Ah nous y sommes !

D'Antan. — Oui, nous y sommes car nous serons toujours obligés d'y revenir.

Derouge. — A mon tour de gémir.

D'Antan. — Devant les problèmes innombrables et redoutables qui se posent, problèmes touchant tant aux questions politiques et économiques d'ordre intérieur qu'aux questions de politique extérieure, il faudrait avant tout une suite dans les idées et un programme clairement défini.

Derouge. — Et après ?

D'Antan. — Il est facile de s'apercevoir que nous donnons déjà à nos alliés une impression d'instabilité d'idées très fâcheuse.

Derouge. — Nos alliés ont devant eux le tigre. Cet animal est particulièrement stable sur sa base.

D'Antan. — Je vous attendais là. Notre sauveur, notre dictateur n'a pas ses coudées franches. La clique des Renaudel, Longuet et Cie est là pour rendre sa tâche impossible.

Derouge. — Ceci serait amusant.

D'Antan. — Au moment précis où, je le répète, une suite ininterrompue dans les idées, une liberté d'action absolue, un plan mûrement et librement étudié sont une nécessité, comment voulez-vous qu'un malheureux ministre, quelle que soit sa valeur, puisse remplir sa tâche, lorsqu'à tous moments, il est obligé de rendre compte de ses faits et gestes au parlement et à M. Renaudel en particulier.

Derouge. — M. Renaudel sert ma cause aussi sûrement qu'inconsciemment.

D'Antan. — Je n'en doute pas un seul instant. Voici pourquoi, mon ami, je tremble pour la France à l'heure même de sa victoire étincelante.

Dr Sérénus. — Nous avons heureusement, en outre de M. Clemenceau, le Président de la République. D'ailleurs, il se trouve au sein du Parlement quelques hommes qui sont à même de résoudre des questions qui, si difficiles qu'elles soient, ne sont pas insolubles.

D'Antan. — L'homme le plus éminent est perdu, sinon dépravé, le jour où il devient parlementaire. Cette enceinte est la mare immonde. L'homme s'y métamorphose en grenouille et croasse.

Derouge. — Vous n'êtes pas chrétien.

D'Antan. — Il faudrait que les hommes d'élite dont a parlé le Dr Sérénus le fussent pour être capables de diriger la France.

Dr Sérénus. — Vous ne pouvez nier leur valeur.

D'Antan. — Peu m'importe ce mot s'ils ne sont pas des hommes de gouvernement.

Derouge. — Ah ! toujours.

D'Antan. — Oui, toujours. Il faudrait à la tête de la France un homme assez énergique pour, sans perdre une minute, jeter en prison tous les criminels de l'extrême gauche du parlement. Leur langage à la Chambre n'aurait jamais dû être toléré. Caillaux aurait dû être fusillé depuis longtemps, et après lui une douzaine d'autres. Après cet acte de justice qui, à certains moments, a été attendu et désiré par le pays, la France pourrait respirer, et ses hommes de gouvernement pourraient gouverner.

Derouge. — Et vous croyez que le peuple laisserait passer cet orage de terreur « fleurdelisée ! »

D'Antan. — L'immense majorité des populations de la campagne qui a compris les fautes du Parlement n'aurait fait qu'applaudir ; les ouvriers des usines protesteraient. Il y a des moyens de les mâter pendant une mobilisation.

Derouge. — Vous êtes l'homme de l'inquisition.

D'Antan. — On n'a pas osé alors que le moment était propice. La France paiera sans doute bien cher cette lourde faute.

Derouge. — Mais enfin que faites-vous de votre Idéal chrétien ? Il me semble que vous lui mettez une sacrée muselière.

D'Antan. — Il faut savoir viser le but noble et ne pas hésiter à écraser les vipères sur son chemin. Voici le secret de la ligne de conduite de tout homme de gouvernement.

Derouge. — Donc le but excuse le moyen. Jésuite !

D'Antan. — Ces hommes ont certainement la conception très nette du Gouvernement.

Dr Sérénus. — La République française a remporté la victoire. Ses défenseurs sauront avoir assez de bon sens et d'énergie pour venir à bout de leur lourde tâche.

D'Antan. — Ah ! vous en avez de bonnes, grand Docteur ! La République a remporté la victoire !

Dr Sérénus. — La monarchie n'y est pourtant pour rien.

D'Antan. — La victoire a été remportée par le maréchal Foch et par notre poilu. J'ose avancer que cette victoire a été gagnée malgré la République parce que malgré le Parlement, et j'ose affirmer que la guerre a découvert une fois pour toutes les vices du régime parlementaire.

Derouge. — Sera-ce un galop d'essai, un sermon ou bien une oraison funèbre ?

D'Antan. — Je serais certainement bien heureux d'avoir l'occasion de faire celle de la République. Elle serait courte. Malheureusement, par candeur, le peuple lui est attaché et elle vit.

Dr Sérénus. — Je vous arrête. Certes, le Maréchal Joffre, le Maréchal Foch, le Maréchal Pétain et d'autres ont gagné la plus splendide victoire de l'histoire. Malgré leur génie ils n'y seraient point parvenus sans la ténacité du poilu français et sans les alliés. Mais il ne faut pas oublier la foi de M. Poincaré pas plus que celle de M. Clemenceau.

D'Antan. — Que ce mot va mal avec la « chose publique ».

Dr Sérénus. — Un Président de la République et un premier Ministre que l'on peut qualifier de sauveurs ! Que voulez-vous de plus pour honorer la

République et la préserver contre vos anathèmes.

D'Antan. — Je considère M. Clemenceau comme un dictateur et je prétends que son intervention est survenue miraculeusement pour sauver une situation que la République allait perdre.

Dr Sérénus. — Vous prétendez ! Je crois comprendre pour ma part que l'intervention de M. Clemenceau a démontré le bienfait de l'action d'un Ministre lorsque ce dernier se trouve à la hauteur de sa tâche. Ceci prouve une fois de plus qu'il faut des hommes à la tête de la France et non des politiciens.

Derouge. — Ils nous sont tellement utiles ! Que diable voulez-vous que devienne la réalisation de mes idées sans les politiciens. Ils préparent si sûrement la voie à notre arrivée au pouvoir. Tenez, je vais vous le dire en deux mots le résultat de cette guerre pour la France.

D'Antan. — Ce serait prudent de me boucher les oreilles pour être sûr de pardonner.

Derouge. — Les partis politiques au Parlement vont se livrer plus que jamais à leurs querelles intestines. Les intérêts généraux repasseront peu à peu au deuxième plan. Le socialisme d'Etat fera des progrès foudroyants : il sera reconnu d'utilité publique par tous les partis. Les classes bourgeoises seront peu à peu annihilées. Qui sait si la C. G. T. n'arrivera pas à s'introduire dans l'Etat comme un petit Etat.

D'Antan. — Alors ce sera votre tour.

Derouge. — Parfaitement, cependant...

D'Antan. — Et quoi donc ?

Derouge. — Un point noir !

D'Antan. — C'est dommage, vraiment.

Derouge. — Oui, un gros point noir.

D'Antan. — Déterminé par quel phénomène physico-chimique ? Mon Dieu !

Derouge. — Par l'Allemagne.

D'Antan. — Ceci demande une explication.

Derouge. — L'Allemagne a trompé indignement les révolutionnaires du monde entier et c'est dans cet acte criminel que réside sa plus lourde faute.

D'Antan. — Et voilà un fait qui m'indiffère ! L'Allemagne a trompé tout le monde ! Pourquoi auriez-vous été exemptés ?

Derouge. — L'Allemagne continue à jouer la comédie dans sa révolution sociale. Ce peuple restera longtemps encore imbu des idées de d'Antan.

D'Antan. — Merci !

Derouge. — Dans ces conditions il sera bien difficile de continuer à aller de l'avant, puisque nous pourrons toujours nous attendre à être trahis au moment critique. L'Allemand est né traître puisqu'il est né menteur et fourbe ; l'allemand ne peut avoir d'Idéal puisqu'il ne comprend que l'action de la force brutale sans se soucier de son origine, et quel que soit le but visé ; l'Allemand, férocement égoïste et manquant absolument du sens de la dignité attendra toujours l'occasion de tomber sur un rival affaibli ; l'Allemand, stupidement vaniteux, sera toujours prêt à se parer des plumes du paon pour fêter des emps nouveaux, et cependant il ne saurait y aspirer parce qu'il n'est capable que de goûter le bonheur matériel du moment.

D'Antan. — Bien pensé, mcn héros.

Derouge. — Dans ces conditions, d'Antan, le parti révolutionnaire se voit dans la nécessité de réfléchir avant d'agir. Il sait, pour se consoler, que pendant ce temps le parti socialiste travaillera pour lui à la Chambre.

Dr Sérénus. — Il ne vous abandonnera certainement pas.

Derouge. — Je dois reconnaître cependant qu'en Allemagne le groupe Spartacus ne marche pas mal. Je n'ose trop me prononcer. En tous cas la Rosa Luxembourg « va fort ».

Dr Sérénus. — Oui, ce qui se passe en Allemagne est bien confus et bien inquiétant. Ou bien l'Allemagne parviendra à mettre de l'ordre à l'intérieur et elle sera dangereuse au point de vue de l'avenir, car, en sourdine, elle est capable de préparer sa revanche ; ou bien le désordre la submergera et elle sera envahie par le bolchevisme. De toute façon un grand danger menace à l'horizon.

Derouge. — Je serais tout à fait satisfait si le bolchevisme envahissait l'Allemagne.

D'Antan. — Evidemment il deviendrait menaçant pour nous.

Derouge. — J'avoue que je n'approuve pas les actes sans nom des sauvages bolchevistes. Ils font en principe plus de tort que de bien à la cause de la révolution sociale. Mais, en revanche, ils remplissent admirablement leur rôle de terroriser la bourgeoisie.

D'Antan. — Je ne m'explique pas que les alliés n'agissent pas plus énergiquement sur la Russie. Veulent ils attendre que l'Allemagne les remplace ? En tous cas, il serait grand temps d'étouffer ce mouvement bolchéviste.

Dr Sérénus. — C'est mon avis. Evidemment les alliés sont hésitants. Ils se heurtent peut être à la volonté de M. Wilson. Cegrand homme est, je crois, hostile à une action en Russie. En principe il a raison. Cependant il est des cas où des circonstances exceptionnelles rendent un principe inapplicable.

D'Antan. — Et c'est le cas pour la Russie. Sous le prétexte que l'étranger n'a pas à s'occuper des affaires intérieures d'un pays, il est bien dangereux de laisser une nation pourrie par des idéss subversives risquer de gangréner le monde.

Derouge. — Si M. Wilson sert ma cause ce n'est pas moi qui lui jetterai la pierre.

Dr Sérénus. — Enfin, espérons que cette question si complexe de la Russie n'est pas insoluble.

J'ai confiance en M. Clemenceau.

D'Antan. — Moi aussi.

Derouge. — Je le trouve bien gênant, ce tigre.

Dr Sérénus. — En tout cas l'évolution de la civilisation se trouve en ce moment dans une situation exceptionnellement favorable pour qui veut bien la comprendre.

D'Antan. — C'est discutable.

Dr Sérénus. — Il s'agit de savoir, si, au point de vue social, la France et l'Italie vont se laisser influencer par l'Angleterre et l'Amérique ou par l'Allemagne.

D'Antan. — Il est à souhaiter que la France ne se laisse influencer que par elle-même.

Dr Sérénus. — A la condition qu'elle abandonne ses idées sociales.

D'Antan. — Et pourquoi cela ?

Dr Sérénus. — Le résultat le plus clair de cette guerre a été de favoriser l'Etatisme en augmentant les fonctions de l'Etat. Faut-il continuer dans cette voie ou bien s'en éloigner ? On est obligé de le reconnaitre : le choix s'impose entre la philantropie d'Etat boche et le libéralisme Anglo-Saxon, entre la voie de l'Etatisme à outrance et celle de l'Etat économique, entre le collectivisme et l'individualisme. Malheureusement, jusqu'ici la France suivait l'Allemagne. Pourtant les idées que je qualifie de libérales ont germé chez elle avant la révolution et c'est en France que l'Angleterrre les a trouvées.

D'Antan. — Il y a le juste milieu.

Dr Sérénus. Vous voulez dire la juste mesure. Oui elle est parfois nécessaire. *Malgré tout il n'est pas possible de ne pas choisir entre ces deux conceptions de la vie économique.* Si, à mon avis, la France et l'Italie formaient avec l'Angleterre et l'Amérique, contrées de l'individualisme, un bloc contre les idées de l'Allemagne, l'évolution de la civilisation pourrait être sauvée. Il est nécessaire que l'Angleterre, l'Amérique, la France, la Belgique et l'Italie restent *indissolublement unies*, non seulement au point de vue politique, dans le but d'éviter une nouvelle guerre, mais encore au point de vue économique, dans celui d'empêcher l'évolution de la civilisation de suivre le mouvement d'idées allemandes qui conduit en droite ligne au collectivisme : à la débâcle, à l'abime.

D'Antan. — L'Allemagne est encore bien forte.

Dr Sérénus — Tout dans ce pays était et est artificiel. L'Allemagne est ce colosse dont le corps d'airain repose sur des pieds d'argile. Tout est artificiel, en Allemagne, parce que les idées sociales y dérivent de la conception erronée de l'Etat. Dans ce pays où l'Etat est omnipotent, l'individu n'est plus qu'un instrument. La conception morale des sociétés telle qu'elle a toujours été prônée en Allemagne est néfaste parce qu'artificielle. *Elle nous avait influencé avant la guerre. Je souhaite qu'il n'en soit plus ainsi dans l'avenir.* C'est pourquoi j'appelle de tous mes vœux une alliance durable entre l'Angleterre, l'Amérique, la France, la Belgique et l'Italie.

D'Antan. — Jamais il ne sera possible d'obtenir une alliance durable. Trop d'intérêts se trouvent en présence.

Dr Sérénus. — A l'avis des politiciens soit. L'économiste démontre au contraire que les intérêts économiques des nations sont solidaires.

D'Antan. — Que vous le vouliez ou non les gouvernements seront toujours entre les mains des politiciens... Heureusement.

Dr Sérénus. — Il est grand temps que les pays alliés comme les partis politiques se pénètrent des admirables paroles de M. Clemenceau le jour même de l'armistice, alors qu'il fit un appel généreux à la concorde dans l'intérêt suprême du pays. C'est à l'avenir qu'il faut songer à l'heure actuelle, et si les pays alliés comme les partis politiques consentaient enfin *à placer l'intérêt élevé de la civilisation au-dessus des intérêts égoïstes des partis et des pays*, une ère de prospérité, de bonheur et de paix pourrait être envisagée. Si, au contraire, les querelles fomentées par un esprit étroit de rivalités mesquines doivent prendre le dessus, tout sera toujours à recommencer et le cycle des fléaux se perpétuera au rythme lugubre de la fatalité.

D'Antan. — La rivalité a toujours existé. Elle subsistera toujours entre les nations. C'est pourquoi les guerres sont inévitables, et c'est précisément parce que les guerres sont inévitables qu'il n'existe qu'une seule forme de gouvernement efficace : la monarchie.

Dr Sérénus. — Le progrès de la civilisation avec l'époque de la grande industrie fait comprendre au contraire que les intérêts des nations sont dépendants les uns des autres et que, par suite, la guerre est devenue une nuisance. Le globe pourrait devenir un immense atelier de production selon le rêve de Derouge *à condition toutefois que le droit de propriété restât intact.* Le régime du libre échange est appelé à transformer complètement les sociétés : une organisation *naturelle* où les richesses seraient produites et échangées dans l'intérêt du plus grand nombre ferait place à l'organisation *artificielle* des nations.

Et oui, mon ami, sans l'esprit protectionniste *le*

résultat salutaire de la guerre aurait pu être de préparer l'avènement de la fédération des Etats d'Europe.

D'Antan. — Idéologie !

Dr Sérénus. — But lointain sans doute; mais but. *Et but préférable au but collectiviste.*

D'Antan. — Il faut aller au jour le jour en matière d'économie.

Dr Sérénus. — *Il n'est point de conception plus dangereuse des choses.* C'est elle qui, engendrée par le scepticisme, fait mettre en avant l'inutilité de la réflexion. Nos hommes politiques, ainsi allégés, en arrivent à se présenter comme députés sans même avoir l'idée la plus élémentaire de l'économie en général. Combien de nos élus ignorent totalement les inconvénients du système protectionniste, les avantages du libre-échange, les dangers du socialisme.

Derouge. — Mais tous, parbleu !

Dr Sérénus. — En tout cas beaucoup certainement.

D'Antan. — C'est pourquoi un gouvernement fort, simplement constitué, est préférable à une masse de députés ignorants.

Derouge. — Je préfère l'ignorance.

Dr Sérénus. — Naturellement. Ne sert-elle pas singulièrement votre cause.

D'Antan. — Je simplifie : ordre par un gouvernement fort. Et je m'incline : morale par l'Eglise.

Derouge. — Oh ! ce Breton !

D'Antan. — Si après cette guerre la France poussait le grand cri du cœur pour s'incliner ensuite avec soumission j'aurais confiance, docteur Sérénus.

Derouge. — Quel cri ? Vous m'inquiétez.

D'Antan. — Je crois en Dieu.

Derouge. — Boum ! J'aurais dû m'y attendre.

Dr Sérénus. — Rassurez-vous, d'Antan. Cette guerre a certainement suscité une recrudescence de foi en France. Dans l'atmosphère de mort où elle a vécu quatre ans, la pensée acculée à l'au-delà, s'est posée la grande question pour la résoudre simplement... par la tradition.

Derouge. — Ou selon ses instincts en se grisant par la joie de vivre.

Dr Sérénus. — Ce fut la minorité.

D'Antan. — Il serait à désirer que la France profitât de la grande leçon et que l'Idéal chrétien, lys de la vie, fleurit sur les tombes sacrées de nos morts. Que la France grandiose par son Idéal, se mit de nouveau à la tête du monde sous l'égide de l'Eglise.

Dr Sérénus. — Ah ! certes, il serait désirable que l'humanité entière profitât de la terrible leçon. Permettez-moi, d'Antan, de quitter le parfum des encens pour celui des produits divers.

D'Antan. — Faites, vous n'êtes qu'un marchand.

Dr Sérénus. — Allez au fond des choses et vous reconnaîtrez que cette guerre épouvantable est la conséquence des idées protectionnistes.

D'Antan. — Vous êtes insensé ! Elle est la conséquence de l'égoïsme féroce de l'Allemagne.

Dr Sérénus. — Précisément. L'Allemagne puissamment « étatisée » et protectionniste à outrance voulait des débouchés. Ces débouchés qu'elle ne pouvait se créer à cause des droits de douane des pays étrangers, elle décida de les ouvrir par la force :

d'où cette guerre, imposée et suscitée par l'intérêt égoïste de l'Allemagne, intérêt protectionniste naturellement.

D'Antan. — Rivalité inévitable.

Dr Sérénus. — Soyez bien certain que, si, avant la guerre, les idées libre-échangistes avaient été comprises et appliquées, le cataclysme n'aurait pas eu lieu parce que sa cause n'aurait pas existé. Allez, mon cher d'Antan, il est impossible de ne pas le reconnaître, *les idées protectionnistes qui enfantent l'Etatisme, le militarisme et l'impérialisme rendent les guerres inévitables.* La conception libre-échangiste pourrait au contraire les conjurer parce qu'elle en supprimerait la cause première. Alors, le moment n'est-il pas propice pour tenter l'impossible afin d'éviter de pareilles horreurs, de semblables stupidités, le retour d'une telle catastrophe à tous les points de vue.

Derouge. — Vos idées mettraient une digue devant les visées révolutionnaires. Heureusement elles ne seront pas admises parce qu'elles ne seront pas comprises.

D'Antan. — Vos paroles sont coupables, docteur Sérénus ! Cette guerre a été pour la France la précieuse occasion du réveil de toutes ses vertus. La voix de la race a parlé par tous nos soldats : elle a imposé aux nations la vénération au moment où notre pays inspirait le mépris. Et vous appelez stupide, l'admirable.

Dr Sérénus. — Je ne veux pas insister sur ce qui ne se voit pas dans la crainte de jeter sur le triomphe de la France un brouillard nauséabond. J'aperçois cependant un résultat lamentable : nos pertes, l'élite de la race ; ensuite l'emploi de masses de capitaux qui auraient rendu de si grands services aiguillonnés vers un but tout autre ; enfin l'augmentation continue du prix de la vie.

D'Antan. — Ah ! la demande est supérieure à l'offre ! Vous devez être satisfait. Avez-vous assez insisté sur la nécessité de laisser agir la demande ! Elle agit certes... et les producteurs savent en profiter... !

Dr *Sérénus.* — Je vous ai parlé de l'action de la demande sur un marché libre. Or, le résultat lamentable de la guerre a été de restreindre au minimum l'étendue des marchés ; par suite les producteurs en sont restés les maitres : d'où l'augmentation anormale du prix de la vie avec ses conséquences désastreuses. *Ceci prouve combien l'étendue des marchés et la liberté des échanges sont nécessaires pour assurer le prix normal de la vie.* Une action internationale des Etats pourrait seule résoudre cette question grosse de conséquences dangereuses.

D'Antan. — Il faut donc que l'Etat intervienne.

Dr Sérénus. — C'est-à-dire qu'il laisse de côté la tradition protectionniste.

Ah ! mes amis songez au coût d'une telle guerre : le gain que la victoire assure à la France ne saurait compenser la perte. *Voici pourquoi je souhaite que la terrible leçon éclaire le monde politique.*

D'Antan. — Que la France suive ses traditions et cela me suffit.

Derouge. — Que la France, sincère dans sa conception de la vie, renonce aux croyances nuisibles, parce que fausses.

Dr Sérénus. — Que la France songe et qu'elle choisisse entre deux directions : celle d'une prospérité promise par une organisation légale, *donc obtenue par un ordre artificiel*, et celle d'une prospérité *réalisable par l'ordre naturel.*

D'Antan. — Ce n'est pas le parlement qui sera capable de choisir.

Derouge. — Il ne se trouvera nullement embarrassé : sans nul doute il choisira la première direction pour le grand bienfait de ma cause.

Dr Sérénus. — Et c'est ce que je redoute.

Derouge. — Et c'est ce que je désire.

Dr Sérénus. — Et malgré tout, la France meurtrie s'est dressée devant l'Allemagne humiliée, noble comme un emblème, et, devant l'univers, la France victorieuse a surgi simple comme une vérité.

TABLE DES MATIÈRES

SAINT-AMAND (CHER). — IMPRIMERIE BUSSIÈRE

www.ingramcontent.com/pod-product-compliance
Ingram Content Group UK Ltd.
Pitfield, Milton Keynes, MK11 3LW, UK
UKHW021051220726
13924UKWH00005B/2079